U0873019

本书受到国家社会科学基金青年项目“全球金融周期的生成机制及对我国的溢出效应研究”（项目批准号：23CJY067）与中国社会科学院学科建设“登峰战略”资助计划数量经济学优势学科(编号:DF2023YS29)的支持，属于“中国社会科学院经济大数据与政策评估实验室”（2024SYZH004）阶段性成果。

罗朝阳 著

金融周期与金融风险

FINANCIAL CYCLES & FINANCIAL RISKS

经济管理出版社
ECONOMY & MANAGEMENT PUBLISHING HOUSE

图书在版编目（CIP）数据

金融周期与金融风险 / 罗朝阳著 . —北京：经济管理出版社，2024. 4
ISBN 978-7-5096-9693-4

Ⅰ. ①金… Ⅱ. ①罗… Ⅲ. ①金融—经济周期分析—研究 ②金融风险—风险管理—研究 Ⅳ. ① F830

中国国家版本馆 CIP 数据核字（2024）第 091639 号

责任编辑：张莉琼
助理编辑：丁光尧
责任印制：许 艳
责任校对：张晓燕

出版发行：经济管理出版社
（北京市海淀区北蜂窝 8 号中雅大厦 A 座 11 层 100038）
网 址：www. E-mp. com. cn
电 话：（010）51915602
印 刷：唐山玺诚印务有限公司
经 销：新华书店
开 本：710mm × 1000mm /16
印 张：12.5
字 数：202 千字
版 次：2024 年 7 月第 1 版 2024 年 7 月第 1 次印刷
书 号：ISBN 978-7-5096-9693-4
定 价：98.00 元

· 版权所有 翻印必究 ·
凡购本社图书，如有印装错误，由本社发行部负责调换。
联系地址：北京市海淀区北蜂窝 8 号中雅大厦 11 层
电话：（010）68022974 邮编：100038

前言

随着经济全球化以及金融自由化的不断推进，现代全球金融体系已经成为一个相互关联、彼此依存的有机体。特别是自 20 世纪 90 年代以来，随着各国金融体系的不断完善，金融活动逐渐呈现出信息化与网络化的特点，金融系统与实体经济之间的关系也变得更加紧密，国与国之间的经济金融市场关联程度进一步加深。但由于国际市场竞争、资本跨境流动性变化以及各国经济金融战略差异，全球金融系统在提高资源配置效率的同时也累积了巨大的金融风险。对于我国而言，经济增长持续减速导致实体经济投资回报率下降，催生出一些僵尸企业并推动金融风险快速积累。在当前全球经济增速放缓、贸易摩擦不断升级以及欧美等国家和地区逆全球化思潮涌动的背景下，人们普遍开始担忧我国的金融风险状况。基于此，本书从周期规律视角出发，通过翔实的理论机制分析与实证检验探索影响金融危机、地方政府债务风险以及债券违约等宏微观金融风险的关键因素，为我国防范化解金融风险提供新的理论视角。

首先，本书基于金融周期和国际金融理论阐释了金融周期和美联储加息对金融危机发生概率的影响机制，在理论机制分析的基础上采用包含全球 154 个经济体的跨国面板数据验证了金融周期和美联储加息对银行危机、债务危机和货币危机的影响。研究结论表明：金融周期在银行危机、债务危机和货币危机的形成机制中均扮演着重要的角色，各类金融危机在金融周期顶部区域和下降期具有更大的爆发概率，采用金融周期指标可以显著提升金融危机模型的预警能力。同时，美联储加息也在银行危机、债务危机和货币危机的形成机制中均扮演着重要的角色，是影响各国金融危机的重要因素，各类金融危机在美联储加息之后2~3年内具有更高的爆发概率。通过进一步的分析发现，金融周期和美联储加息对各类金融危机的影响在1997年前后发生了一定的变化，但在金融周期顶部区域和金融周期下降期更容易爆发银行危机和债务危机的结论以及在美联储加息之后2~3年容易爆发债务危机的结论依然成立。此外，稳健性检验表明，本书的研究结论在处理过内生性问题、调整样本和更换金融周期度量方法以及处理“稀有事件偏差”之后依然有效。

其次，本书研究了金融周期和全要素生产率对债券违约的影响机制，并以中国非金融类A股上市公司发行的2011~2021年发生实质性违约以及虽未发生违约但到期的债券数据，实证检验了金融周期和全要素生产率对债券违约的影响。研究结果表明，金融周期顶部区域和债券违约显著正相关，金融周期顶部区域发生债券违约的概率显著增加，债券在金融周期顶部发生违约的概率较其他时期增加了2.22%；企业全要素生产率和债券违约显著负相关，全要素生产率越高的企业发生债券违约的概率越小，企业全要素生产率每提高一个百分点，其发生债券违约的概率减小约1%。通过进一步的异质性分析发现，金融周期对不同行业以及不同性质的企业发生债券违约的影响存在明显的异质性，金融周期对周期性行业企业和非国有企业债券违约概率具有更高的平均边际影响。

最后，由于缺少地级市金融周期的相关指标，本书研究了金融周期的重要组成部分——房地产周期对地方政府债务风险的影响机制，并基于我国地方政府城投债交易数据，构建了地级市政府债务风险评价指标，然后在此基础上采用我国265个地级市面板数据对房地产周期影响地方政府债务风险的理论机制进行了实证研究。研究结果表明，2017年之后，云南、贵州、青海、新疆、河南、山西等部分地区政府债务风险程度明显加大，说明近年来我国局部地区地方政府的债务风险有不断加大的趋势；实证结果表明，房地产周期与地方政府债务风险呈现显著的逆周期关系，即房地产市场繁荣时期地方政府债务风险较小。通过进一步的异质性分析发现，我国东部地区土地财政依赖度高、第二产业占比低的城市受房地产周期波动的影响更大。同时，稳健性分析表明，以上结论在处理过内生性问题、调整样本和更换度量指标后依然有效。

目录

第一章

绪论

随着经济全球化以及金融自由化的不断推进，现代全球金融体系已经成为一个相互关联、彼此依存的有机体。特别是自20世纪90年代以来，随着各国金融体系的不断完善，金融活动逐渐呈现出信息化与网络化的特点，金融系统与实体经济之间的关系也变得更加紧密，国与国之间的经济金融市场关联程度进一步加深。然而，在各国经济金融战略差异扩大以及资本跨境流动性变化和国际市场竞争加剧等背景下，全球金融系统在提高资源配置效率的同时也累积了巨大的金融风险。对于我国而言，经济增长持续减速导致实体经济投资回报率下降，催生出一些僵尸企业并推动金融风险快速积累。在当前全球经济增速放缓、贸易摩擦不断升级以及英国“脱欧”等逆全球化思潮涌动的背景下，人们普遍开始担忧我国的金融风险状况。基于此，本书从经济金融理论出发，充分考虑金融周期对金融风险的作用与影响，通过翔实的理论机制分析金融风险的产生机理，以及通过实证检验来探索影响宏微观金融风险的关键因素，不仅有助于为我国金融防风险与经济稳增长政策的制定开拓新的思路，还能为金融风险的后续研究提供新的视角。本章主要提出全书的研究内容并概述全书的研究背景与研究意义，在此基础上确定所采用的研究方法并给出各章节的安排和技术路线图。最后，对本书主要创新点进行概括和总结。

第一节　研究问题、背景及意义

一、研究问题

2008 年国际金融危机的爆发对研究金融危机的传统理论框架与实证范式构成了挑战，“伊丽莎白女王之问”表明传统的经济理论在预测金融危机方面集体失效。根据实际经济周期理论，经济周期的波动性主要是由以技术冲击为代表的实际因素波动所引起的，而货币冲击只能引起经济的短期波动，难以引起经济长期的周期性波动，货币冲击仅仅是经济周期的非核心因素。因此，长期以来学者们在很大程度上忽略了金融因素对经济波动的影响。但 20 世纪 80 年代之后，随着各国金融体系的不断发展，特别是在 1997 年“亚洲金融风暴”和 2008 年国际金融危机之后，人们逐渐认识到金融因素对各国实体经济运行有着重要的影响，越来越多的学者开始重新审视并梳理金融与实体经济之间的关系，并逐渐发展起来以金融加速器机制为代表的金融经济周期理论。在此背景下，国际清算银行（Bank for International Settlements，BIS）和国际货币基金组织（International Monetary Fund，IMF）的经济学家们开始参考经济周期的研究方法来构建金融周期，他们基于私人部门信贷、信贷 /GDP 以及房地产价格三个变量构建了度量金融周期的指标，并通过金融周期理论来研究金融风险的积聚和爆发，发现金融周期与金融风险之间具有密切的关系（Claessens et al.，2011，2012；Drehmann et al.，2012；Borio，2014）。

2017 年，党的十九大报告将“防范化解重大风险”列为“三大攻坚战”之首，当年的全国金融工作会议再次强调，防止发生系统性金融风险是金融工作的永恒主题，要把主动防范化解系统性金融风险放在更加重要的位置，着力防范化解重点领域风险。可见，金融风险的防范与化解已经成为我国各级政府工作的重点。特别是近几年来，我国宏观经济形势发生了很大的变化，经济下行压力不断增大并导致多方面的金融风险呈持续性累积的状态。具体来说，我国面临的金融风险主要有国有企业和居民的高杠杆风险、外部输入性金融风险、地方政府债务风险、债券“违约潮”风险、房地产市场泡沫破裂风险、商业银行信用风险、影子银行风险以及互联网金融 P2P“暴雷”等多个方面。

鉴于此，本书立足于我国经济现实，从金融周期这一理论视角出发，并基于数据可得性等提出以下研究问题：

第一，金融周期影响金融危机的理论机制是什么？采用金融周期指标是否能够对金融危机进行准确预警？针对这些问题，本书主要通过理论机制分析并基于跨国面板数据来进行详细探讨与论证。

第二，金融周期与微观企业债券违约之间有什么样的联系？金融周期指标能否准确预警我国债券市场“违约潮”的到来？针对这些问题，本书通过理论分析来说明金融周期这一宏观指标是如何影响微观企业运行的，并基于我国 A 股上市公司数据实证检验了金融周期和债券违约之间的关系。

第三，我国各地级市地方政府债务风险处于什么水平？地方政府债务风险的形成机制有哪些？在地方政府对“土地财政”过度依赖的背景下，作为金融周期主要组成部分的房地产周期与地方政府债务风险之间又有何联系？采用房地产周期指标能否解释我国地方政府债务风险并对风险程度做出科学的预警？对此，本书主要通过城投债的交易数据来识别地方政府的债务风险，并通过理论机制分析和地级市面板数据来进行分析和探讨。

二、研究背景

（一）世界经济不确定性激增，输入性金融风险概率加大

自 20 世纪 90 年代以来，随着经济全球化以及金融自由化的不断推进，日益频繁的跨国投资与贸易活动往来使得金融风险的形成、聚积和扩散机制变得更加复杂，全球开始进入金融危机多发期。1991 年，在历经了战后 40 多年的经济恢复与高速增长时期后，日本经济盛极而衰，泡沫经济破裂，导致日本商业银行陷入困境、大量企业倒闭、消费投资需求减少，陷入了

长期的低迷状态；1994 年始于墨西哥的金融风暴不仅使墨西哥自身经济受到重创，还最终席卷整个拉美地区的金融市场，导致拉美国家深陷“中等收入陷阱”；1997 年爆发于泰国的金融风暴迅速传遍亚洲并导致俄罗斯和巴西相继发生金融危机；2007 年美国的次贷危机迅速席卷全球金融市场，造成全球市场流动性短缺和信贷紧缩并引发了国际金融危机，全球经济陷入自 20 世纪 30 年代经济大萧条以来最为严重的一次经济衰退，全球多数国家经历了近十年的经济增长乏力期。然而，在 2008 年国际金融危机余波未尽之时，2010 年希腊债务危机迅速扩散至葡萄牙、意大利、爱尔兰、西班牙等国家，并在 2011 年底发展为蔓延全欧洲的债务危机，冰岛、希腊两国甚至到了整个国家“破产”的边缘。可见，金融危机会对本国乃至世界多个国家的经济与社会等产生极其严重和深远的影响，且近 30 年来爆发的金融危机多呈现出危机共生性和传染效应逐渐增强、危机波及范围更广和对经济影响更深的发展趋势。而根据 Kindleberger 和 Aliber（2011）、Reinhart 和 Rogoff（2009）以及 Bordo 等（2001）的研究，全球范围内每隔十年左右就会发生一次较大范围的金融危机，表明金融危机爆发具有一定的周期性。据 Wind（万得）数据测算，2018 年土耳其和阿根廷两国货币兑换美元的贬值幅度分别达到了 32% 和 50%，按照 Laeven 和 Valencia（2018）关于金融危机的定义，土耳其、阿根廷两国均已发生了货币危机。当前距离上次全球范围的金融危机已逾十年，“十年一危机”的说法再次进入人们的视野。特别是在当前全球经济背景下，短期内全球范围会不会发生金融危机、何时发生金融危机、首先在哪个国家发生金融危机成为人们关注的焦点。

（二）债券市场违约事件频发，影响金融市场稳定

自 1983 年我国第一只企业债券问世以来，我国债券市场经历了长足的发展。随着我国经济进入新的发展时期，短期融资债券、公司债、中期票据等种类融资债券相继发行，债券市场的迅速发展为企业获取资金、优化资本结构以及完善政府治理职能等方面提供了极大的便利，债券融资已经成为我国金融市场拓宽企业融资渠道的主要方式。尤其是在 2015 年监管层

陆续出台一系列放松信用债发行条件的政策之后，债券发行主体范围继续扩大，企业发债门槛进一步降低，发行债券的程序也变得更加精简，促使我国债券发行数量和规模均呈爆发式增长。据 Wind 数据统计，截至 2022 年末，我国债券市场存续债券规模已达 141 万亿元，超过 2022 年 GDP 的 117%，远超股票融资规模。长期以来，为避免债券违约所引发的一系列经济、社会问题，对于存在兑付危机的债券，我国政府一直在银行、债券承销商和财政部之间进行协调，并通过银行代偿、承销商垫付以及财政拨款等方式进行偿还加以解决，这种隐性的政府“兜底”行为掩盖了存在于我国债券市场的兑付危机风险（窦鹏娟，2016）。近年来，在我国经济增速放缓和“去杠杆”的背景下，债券融资成本不断上升，引发债券市场剧烈波动，债券兑付危机事件时有发生，实质性违约事件屡创新高。2014 年 3 月 4 日，*ST 超日宣布其发行的公司债券“11 超日债”无法按期全额支付利息，成为我国首例实质性违约的公司债券。“11 超日债”的违约打破了我国债券市场长达 30 年零违约的局面，标志着“刚性兑付”现状的终结（吴育辉等，2017）。此后，违约债券种类逐渐从公司债券扩展到所有债券类型并逐渐“常态化”。根据 Wind 数据统计，截至 2022 年底，我国债券市场发生实质性违约债券达 422 只，涉及债券发行金额 3480.51 亿元，其中仅 2019 年违约债券就达 178 只，涉及债券金额 1441.04 亿元。不断增加的信用违约事件表明债券市场的兑付风险正呈现持续扩大之势，同时也给债券投资者带来了巨额的经济损失。根据 Leitner（2005）的研究，债券市场违约不仅会增加发债企业的风险，导致企业重组甚至是破产清算，其带来的信用风险还会通过银行系统传导至整个金融市场，影响整个金融市场资金链稳定，并造成银行、信托等机构的不良率上升，甚至会引发融资环境紧张，进而对整个实体经济的正常运转产生负面影响。

（三）地方政府债务规模巨大，债务违约风险问题严峻

自 1994 年分税制改革以来，我国地方政府为弥补地区财力不足和发展本地经济，通过债务融资吸纳了巨额的社会资本，从而使得地方政府债务规模持续扩张，并导致近年来我国地方政府债务风险日益凸显。特别是

2008 年国际金融危机之后，防范系统性风险、平抑经济波动成为各国政府宏观调控的重中之重。中央政府为防范我国经济陷入重度衰退而采取了“4 万亿”的财政刺激政策，并规定中央政府承担 30%，地方政府需配套剩余 70% 的资金，这一经济刺激计划进一步促使我国地方政府财政赤字规模不断扩大，通过债务融资解决财政赤字问题就成了地方政府的必要选择。同时，由于 1995 年版《中华人民共和国预算法》（以下简称《预算法》）① 限制了地方政府的直接发债权，为解决发债问题，各地方政府开始纷纷设立各种类型层级的融资平台公司。地方政府融资平台公司的大量涌现缓解了地方政府的融资问题，极大地推动了地方基础设施建设，有效避免了我国经济的“硬着陆”，但与此同时，我国地方政府债务规模也呈现了迅猛的超常规扩张。根据国家审计署公布的 2010 年和 2013 年全国地方政府性债务审计结果，我国地方政府债务规模在 2010 年底约为 10.72 万亿元，而到了 2013 年 6 月底，这一数字就跃升至 17.89 万亿元。针对日益严峻的债务风险问题，全国人大常委会通过了 2014 年版《预算法》。新的《预算法》释放了地方政府的发债权，自此地方政府拥有了一定的自主举债权并开启了市场化融资之路。根据财政部公布数据，截至 2019 年末，全国地方政府债务余额达到 21.31 万亿元。从以上数据来看，近年来我国地方政府债务虽然在增长率上得到了有效的控制，但在债务规模上仍处于高位。从债务率的角度来看，截至 2018 年末，我国地方政府负债率约为 79.28%，虽在整体上没有超过国际通行的 100% 负债率的警戒线，但贵州、青海等多个省份的债务率已经远超 100%，说明我国地方政府债务风险虽整体上可控，但局部风险依然严峻。而从近几年我国经济增长的趋势来看，自 2010 年以来，我国 GDP 增长率从超过 10% 到逐步放缓，经济下行压力逐渐增加。在此背景下，我国实体经济杠杆率居高不下，地方政府债务规模不断增加。面对巨额的债务规模和不断下行的经济增速，当巨额的债务规模超过地方政府的承受能力后可能导致地方政府出现实质性违约，一旦地方政府出现实质性违约，由此引发的财政危机会进一步导致政府信用破产和货币贬值，甚至引发系统性金融风险，影响经济持续健康发展和社会稳定（Alesina and Tabellini,

① 该版《预算法》于1994年通过，并于1995年1月1日正式实施，因而称为1995年版《预算法》。

1992）。可见，我国当前的地方政府债务风险极有可能成为区域性、系统性风险的触发点。

三、研究意义

自改革开放以来，我国虽然一直没有发生过严重的金融危机，但随着我国经济增速由高速增长过渡到中高速增长，隐性金融风险逐渐开始显性化，金融风险不停地在股票、房地产、地方债、债券、互联网金融和外汇等市场之间游走，表明我国经济已经进入金融风险高发期。自2018年以来，中美贸易摩擦升级以及全球经济增速放缓增加了我国系统性金融风险的发生概率与监管难度，给我国防范化解金融风险工作带来了巨大的压力。如何科学地认识金融风险的产生机理以及对金融风险进行可靠的预警和防范化解成为学界研究的重点。本书从金融周期这一理论视角，重点探讨了金融周期影响金融危机和债券违约的理论机制，以及作为金融周期重要组成部分的房地产周期与我国地方政府债务风险之间的关系，研究范围涵盖国家、地方政府和微观企业三个层级，从宏观层面到微观层面阐释了我国三类金融风险的生成机制和影响因素，对于认识、防范和化解我国金融风险具有较为重要的理论和实践意义。

（一）理论意义

1. 丰富了金融危机预警研究的相关理论和方法

随着全球经济一体化和金融全球化的深入发展，金融危机成因和传导机制越来越复杂，并不断表现出诸多新特点，让已有的金融危机预警方法和模型都集体失效。而由于金融危机的危害性极大且金融危机自身又具有复杂性和周期性爆发的特点，对金融危机进行预警一直都是一项长期且重要的课题。从目前的研究情况来看，对这一问题的探讨仍显不足，需从理论到实证进行更进一步的补充、完善和拓展。本书基于金融周期这一宏观经济理论，在理论机制和实证上研究了金融周期对金融危机的影响，丰富了金融危机预警研究的相关理论和方法，为金融危机问题的后续学术研究提供了新的视角。

2. 丰富了债券违约研究的相关理论和方法

债券融资能够降低企业的融资成本、拓宽企业的融资渠道，在改善企业外部融资环境、解决企业融资难问题以及改善企业资本结构方面发挥着不可或缺的作用。在研究债券违约问题时，一个相关且重要的议题是债券违约的影响因素有哪些。在当前债务违约事件日渐增多且国内相关研究相对匮乏的情况下，针对这一议题的探讨显得尤为重要。而现有关于公司债券违约的研究主要从公司财务指标方面进行考察，多关注资产负债率、资产收益率、流动比率等财务比率对债务违约的影响。虽然财务指标确实是影响公司债务违约的主要因素，但债务违约同样会受到整个宏观经济金融环境的影响，以往文献在此方面的理论引入还存在进一步拓展的空间。而金融周期理论是近年来兴起的重要宏观经济理论，能够准确反映企业所面对的外部宏观金融环境。基于此，本书首先从理论上分析了金融周期影响债券违约的理论机制，其次在实证上对此加以验证，丰富了债券违约研究的相关理论和方法。

3. 丰富了我国地方债务风险研究的相关理论和方法

地方政府举债用债是其履行职责的重要举措，对我国经济发展起到了重要的推动作用。但近年来，由于我国地方政府财权与事权不对称、以经济增长为考核目标的地方政府官员考核制度以及地方政府债务管理机制不健全等原因，我国地方政府债务规模不断扩大，债务风险逐年累积，引起了社会各界的普遍关注。当前，学者们虽然已经对我国地方政府债务风险进行了较为丰富的研究，但现有研究多关注各地区财政状况、经济发展水平、地方官员特征等方面对债务风险的影响，且对我国地方政府债务风险的分析和评估多集中在省级层面，对地级市的债务风险研究还不够充分。本书有别于现有的多数文献的研究方向，从房地产周期这一理论视角研究房地产周期与地方政府债务风险之间的关系，丰富并完善了我国地方政府债务风险问题研究的角度，对于揭示我国地方政府债务风险产生和发展的客观规律、解决地方政府面临的债务风险问题具有重要的理论意义，在某种程度上为研究我国地方政府债务风险问题提供了更多的理论借鉴和参考。

（二）实践意义

1. 有助于正确认识我国当前宏微观金融风险

当前我国经济发展进入新常态，金融风险压力凸显，迫切需要建立适合我国国情且科学、灵敏的金融风险评估和预警系统来对我国各种金融风险进行科学的评估。本书从金融周期这一理论视角出发，深入地剖析了我国国家、地级市和微观企业三个层面金融风险形成和累积的原因，并对我国地级市政府债务风险进行了全面的评估，为地方政府债务风险评价提供了新思路，同时也为正确认识我国宏微观风险提供了重要的参考。

2. 有助于我国更好地防范和化解金融风险

本书从金融周期视角深入研究了我国宏微观金融风险积聚和爆发的过程，探索了防范和化解金融风险的措施及对策建议，有助于决策部门实施有效措施对金融风险进行预警和干预，为化解我国宏微观金融风险提供了新的思路，为统筹做好金融风险防范化解工作提供了学理支撑。同时，对我国“防风险、促改革、稳增长”等经济目标的实现具有重要的实践意义。

第二节　研究方法与研究内容

一、研究方法

本书在对国内外金融风险相关研究成果进行梳理和总结的基础上，综合运用了文献分析、理论机制分析和实证分析等多种方法，具体研究方法包括：

第一，文献分析法。通过梳理和总结大量国内外关于金融危机、地方政府债务风险以及债券违约的前瞻性文献，对文献中的学术观点及研究方法进行比较和评述，分析现有文献可参考和借鉴的内容并找到其需要补充和完善的地方，进而为本书研究的展开和深入提供必要的基础和理论指导。

第二，理论机制分析法。本书以金融风险为研究对象，基于金融周期理论解释我国宏微观金融风险的积聚与爆发，为实证分析打好理论基础。在对金融危机的研究中，本书主要考察金融周期和美国联邦储备系统（以下简称“美联储”）加息对金融危机的影响，在梳理金融周期和国际经济学相关经典文献的基础上，从经济理论视角分析了金融周期和美联储加息影响金融危机的理论机制；在研究房地产周期与地方政府债务风险关系时，本书从“土地财政”的视角分析了房地产周期影响地方政府债务风险的理论机制；在研究金融周期和全要素生产率对债券违约的影响时，本书从金融周期的形成机制以及企业基本面的角度出发阐释了金融周期和全要素生产率债券违约的理论机制。

第三，实证分析法。本书的实证分析综合运用了多种现代计量方法对本书所提出的理论假设进行检验。在度量金融周期和房地产周期时，综合使用了带通滤波法、HP 滤波法和主成分分析法；在金融危机和债券违约的研究中，运用面板 Logit 模型检验了金融周期对金融危机和债券违约的影响，并基于面板 VAR 模型检验了金融周期和债券违约之间的内生性问题；在研究我国地方政府债务风险时，运用了金融学中的利率期限结构模型以及计量模型中的固定效应模型和自然实验双重差分（Differences in Differences，DID）方法。

二、研究内容与研究思路

本书从周期理论视角出发，重点研究了金融周期对金融危机与债券违约的影响，以及房地产周期与地方政府债务风险之间的关系。全书共包含四个部分，共分为六章。其中，第一部分为绪论；第二部分为理论综述；第三部分为应用研究，包含三章；最后为研究结论、政策启示与展望。本书的研究思路如图 1-1 所示。各章具体安排如下：

第一章是本书的绪论部分。该部分主要提出本书研究的问题并介绍了本书的选题背景和意义，厘清本书的研究方法和研究内容，并给出了本书的技术路线，最后介绍了本书的创新点。

第二章是本书的理论综述部分。首先，对金融周期理论和房地产周期理论相关文献进行归纳和总结，分析了金融周期和房地产周期之间的关系。

在此基础上分析了金融周期和房地产周期与我国宏微观金融风险之间的联系，为后续研究提供理论基础。其次，对国内外关于金融危机、债券违约以及地方政府债务风险相关文献进行了系统的梳理，厘清了三种金融风险相关理论和实证研究的发展脉络，并进一步探寻本书研究的切入点，为后续研究指明方向。

第三章研究金融周期、美联储加息对金融危机的影响。本章将金融周期的内因和美联储加息的外因置于统一的框架中，综合考虑了内外两种因素对金融危机的影响，以全球 154 个主要经济体 1970~2017 年的跨国面板数据为基础，采用面板 Logit 模型系统考察了金融周期和美联储加息对银行危机、债务危机以及货币危机的影响，并对实证分析进行了详尽的稳健性检验。

第四章研究金融周期、全要素生产率对债券违约的影响。本章基于宏观和微观相结合的视角，首先，从理论上阐释了金融周期和全要素生产率影响债券违约的机制。其次，基于我国 A 股非金融类上市公司发行的债券，采用 Logit 模型实证检验了金融周期和全要素生产率对债券违约的影响。最后，对本章的实证研究进行了详细的异质性分析和稳健性检验。

第五章研究房地产周期对地方政府债务风险的影响。由于我国地市间的经济交流密切，跨市借贷现象普遍存在，因此，难以准确获取地级市级别的信贷数据，无法构建地级市层级的金融周期。鉴于此，本章从金融周期重要组成部分——房地产周期的视角来研究地方政府债务风险的形成机制和影响因素。首先，本章以城投公司发行的城投债交易数据为基础，将城投债收益率价差作为金融风险的代理变量，并基于城投债收益率价差对我国地市级债务风险进行了科学的评价和描述性对比分析。其次，本章从房地产周期视角分析了房地产周期与地方政府债务风险之间的关系，提出了相应的理论假设，并构建计量模型对理论假设进行了实证检验。此外，本章还对实证结果进行了详细的异质性分析、稳健性分析和拓展分析。

第六章是研究结论与政策启示。本章总结全书研究内容，基于研究结论提出应对我国宏微观金融风险的具体对策，并提出相应的政策建议，总结研究的不足之处并展望金融风险问题未来的研究方向。

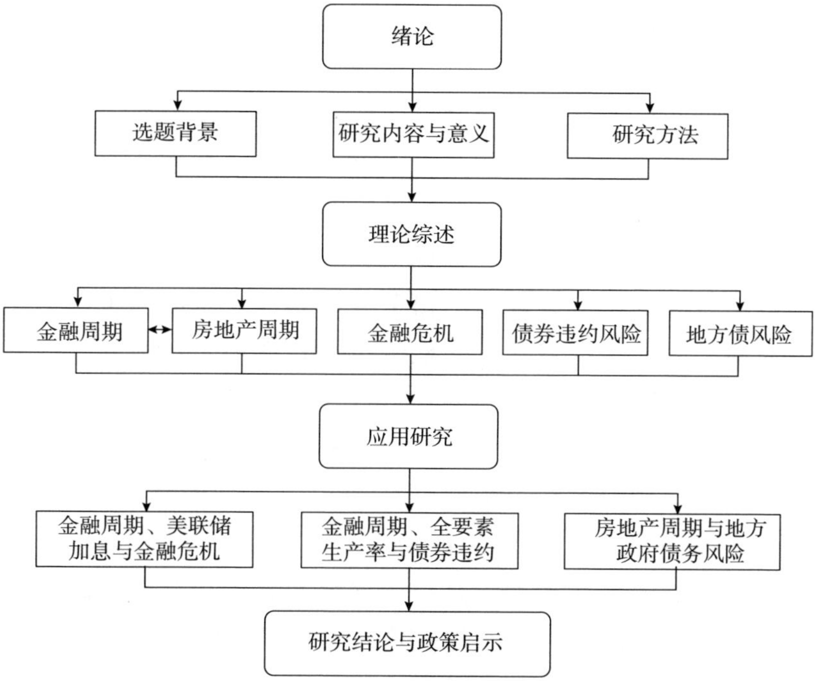

图 1-1　本书的研究思路

第三节　研究创新点

本书的创新点主要有以下方面：

（1）研究视角新颖，具有理论意义。当前无论是关于金融危机的研究还是关于地方政府债务风险和债券违约的研究，大多关注债务规模、区域经济环境变量或者企业财务指标等对金融风险的影响，角度相对单一，理论基础不足。本书从金融周期这一视角出发，先后探讨了金融周期这一最新宏观经济理论对金融危机和债券违约的影响机制，以及作为金融周期重要组成部分的房地产周期与我国地方政府债务风险之间的关系。然后，用宏微观相结合的方法对我国宏微观金融风险问题进行深入的实证研究，论证了金融周期对金融危机和债券违约的影响，验证了房地产周期和地方政府债务风险之间的逆周期关系。

（2）为评估我国地级市政府的债务风险提供了科学合理的指标。我国地级市的政府性债务数据大多不公开，从而难以科学地评价我国各地级市的政府债务风险，也导致当前关于我国地方政府债务风险的研究多聚焦在省级层面。在1995年版《预算法》的限制下，地方政府为满足其发展本地经济的需要，主要通过融资平台公司进行举债融资。鉴于发行城投债是各融资平台举债融资的主要形式，且城投债的发行与交易数据更易得到，城投债相关数据能够反映地方政府的债务风险状况，也可用于评估地级市政府的债务风险。因此，本书基于各地级市城投债的交易数据，以城投债的收益率价差作为城投债违约风险的代理变量，对各地级市的债务风险进行了相应的评价，为评估我国地级市政府债务风险提供了新方法。

（3）本书的研究样本数据更全面和丰富，能够得到更一般性的结论。在金融危机的研究中，本书的研究样本包括全球154个主要经济体1970~2017年的跨国面板数据，是目前研究金融危机相关文献中包含国家（地区）数量最多的，所选取的样本量比之前的研究更加全面和丰富，研究结论更有说服力；在债券违约的研究中，本书以我国A股非金融类上市2011~2018年发生实质性违约以及虽未发生违约但到期的3567只公司债、企业债、短期融资券、中期票据以及定向债务融资工具为研究对象，研究了金融周期和全要素生产率对债券违约的影响，是迄今为止关于实质性债券违约研究包含样本最多的文献；在研究地方政府债务风险时，本书基于交易数据弥补了采用城投债发行数据而导致的研究样本缺失问题①，使得研究样本更具持续性；本书的实证分析还参考现有相关研究选取了更加全面的变量，有助于更好地理解多重因素对各类金融风险的影响。总体来说，为增强本书结论的可靠性，本书的实证分析均最大限度地丰富了研究样本数据与解释变量。

① 由于并不是所有的地级市每年都会发行城投债，采用城投债发行数据会存在没有发行城投债的地级市数据缺失的现象。但由于城投债存续时间较长，因此采用城投债交易数据会较少遇见这种问题。

第二章

金融周期与金融风险理论

本章从金融周期和其主要组成部分——房地产周期的角度，研究我国国家层面、地级市层面和微观企业层面的金融风险，涉及金融危机、债券违约和地方政府债务三类金融风险的成因、现状、影响因素以及防范化解等多个维度。本章主要围绕上述维度对金融周期、房地产周期、金融危机、地方债务风险和债券违约的相关文献进行梳理和总结。

第一节　金融周期理论

根据经济金融理论的发展史，几乎每一次金融危机爆发后学者们都会对当前经济金融理论进行深刻的反思，并形成新的经济理论对金融危机进行解释。20 世纪 70 年代，石油危机的爆发从根本上动摇了凯恩斯主义学派的根基，并推动了以 Kydland、Prescott 和 Lucas 等为代表的实际经济周期（Real Business Cycles，RBC）理论的快速发展（Kydland and Prescott，1982；Lucas，1987）。实际经济周期理论认为，经济的周期性波动主要是由以技术冲击为代表的实际因素波动所引起的，而以货币冲击为代表的金融冲击难以引起经济长期的周期性波动，因此，金融因素对经济波动的影响微乎其微。然而，1997 年亚洲金融风暴和 2008 年国际金融危机均源自金融部门的冲击，传统的经济理论无法对此做出合理的解释。因此，研究者们开始重新关注金融因素在经济系统中所起的作用，并参照经济周期的研究方法来研究金融冲击对经济周期的影响，以及从金融冲击的视角来解释金融危机的形成机制，最终发展形成了金融周期理论。本节接下来将对金融周期理论的产生过程和金融周期的理论机制相关文献进行梳理和总结。

一、金融周期理论发展历程

李嘉图、凯恩斯和熊彼特等经济学家在他们的论著中均探讨过信贷周期问题，因此金融周期这种经济现象很早就受到了经济学家的关注（陈雨露等，2016）。Fisher（1933）在研究“大萧条”的原因时提出的“债务—通货紧缩”理论就较早地关注了信贷周期问题。该理论认为，由于信息不对称和金融系统本身具有缺陷性等原因，经济繁荣期会积累巨额的债务导致过度负债，从而引发高杠杆问题。当经济进入萧条期后，债务清偿压力会导致企业纷纷抛售，引发通货紧缩，同时，高杠杆问题和通货紧缩会相互强化并导致债务率和通货紧缩出现螺旋式上升现象，最终导致信贷呈现出周期性波动的特点。由于罗斯福新政以及人们对古典理论的逆反等原因，尽管 Fisher 的“债务—通货紧缩”理论为大萧条提供了一个较为合理的解释，但“债务—通货紧缩”理论仍被长期忽视（Gertler，1988）。20 世纪 70 年代后，Minsky（1975）、Bernanke（1983）以及 Minsky（1986）等研究了金融因素对经济周期波动的影响，但这些早期关于金融因素对经济波动影响的研究在当时并未得到主流经济学家的重视和认可。

根据实际经济周期理论的假设前提，市场是不存在任何摩擦且始终处于完全竞争状态的，因此，货币在经济系统中起到的作用是完全“中性”的，从而无法解释货币政策对经济的影响。此外，实际经济周期理论还过度放大了工资和总产出之间的联系，而这些观点都与凯恩斯主义理论相悖。Bernanke 和 Gertler（1989）、Kydland 和 Prescott（1990）、King 和 Rebelo（1993）、King 和 Watson（1996）、Kiyotaki 和 Moore（1997）以及 Bernanke 等（1999）借鉴凯恩斯主义的相关观点，将凯恩斯主义理论中的不完全竞争机制和价格黏性机制等纳入研究经济周期的理论框架中，并发展形成了金融经济周期（Financial Business Cycle，FBC）理论。金融经济周期理论在实际经济周期理论中增加了金融摩擦、金融冲击以及金融中介等大量金融市场因素，为金融周期理论做好了理论准备，对于金融周期理论的产生具有重要意义。近 20 年来，从 1997 年亚洲金融危机到 2008 年国际金融危机，再到 2011 年欧洲债务危机，每次大范围危机的根源均来自金融部门的冲击。Reinhart 和 Rogoff（2009）系统地整理了 66 个国家和地区 800 多年的金融危机史，发现金融因素在金融危机中扮演着重要的角色。经济学者们开始意识到，金融因素已逐渐成为经济波动和金融危机的重要根源。此外，国际货币基金组织（IMF）和国际清算银行（BIS）的经济学家参考经济周期的研究方法研究信贷、股票价格、房地产价格等金融因素的周期性波动，并基于信贷、信贷 /GDP 和房价等数据构建了金融周期指标，逐步建立了金融周期的理论体系。此外，他们还通过金融周期理论来解释银行危机、货币危机等金融风险的积聚和爆发，取得了丰硕的研究成果（Drehmann et al.，2012；Claessens et al.，2011）。至此，金融周期理论形成了自己的理论体系，并逐渐成为宏观经济领域一个新的研究热点。

二、金融周期理论机制

根据Borio（2014）的定义，金融周期理论是研究价值与风险之间自我强化过程的理论，这种价值与风险之间的自我强化过程会不断放大冲击对经济的影响并可能导致严重的金融风险。而根据金融经济周期的定义，金融经济周期理论主要通过在实际经济周期理论中引入内生或外生的信贷约束以及假定金融体系中存在金融摩擦和信息不对称等现象，并通过构建理论模型来研究外生冲击在实体经济中的传播和放大的作用机制（周炎等，2016）。可见，金融周期的理论基础为金融经济周期理论。根据周炎等（2016）的观点，外生经济冲击主要通过金融加速器机制、银行中介机制和信贷约束机制传导到实体经济中。

（一）金融加速器机制

金融加速器机制主要研究外生冲击对企业资产负债表的影响，因此，金融加速器机制也被称为影响实体经济的“资产负债表路径”。由于金融体系对实际冲击的乘数效应是内生的，因此，“加速器”机制在金融体系内普遍存在，现有关于金融加速器机制的文献主要从企业和金融中介两个层面进行研究，两个层面的研究分别对应两种金融加速器机制。

1. 基于外生信贷约束的金融加速器机制

Bernanke和Gertler（1989）最先在实际经济周期的理论框架中加入具有不完全信息的信贷市场，开创性地将不完全信息纳入实际经济周期理论框架中。他们将抵押信贷约束方程为外生约束的外生信贷约束机制加入实际经济周期模型中，从而构建了企业面临金融摩擦情形下借贷双方的最优金融合约，并通过这种机制来研究和分析企业资产负债表受到负向冲击后宏观经济会作何表现。他们的研究发现，当企业的资产负债表受到负向冲击时，企业通过外部融资的溢价会明显增加，从而在很大程度上增加了企业外部融资的难度，并影响企业的生产状况。最终，企业资产负债表的负向冲击通过这一系列传导放大了整个宏观经济的下跌程度。Bernanke等（1996）厘清了各种冲击影响实体经济的传导路径，并系统地阐释了金融加速器机制的作用过程。他们认为，各种外生冲击主要通过“资产价格—外部融资溢价—投资需求”这样往复的链式反应传导到实体经济，并对实体经济产生放大、持久的影响。Bernanke 等（1999）在此基础上正式提出了 BGG 模型，并建立了相对完整的金融加速器（BGG 金融加速器）理论框架。他们认为，存在于信贷市场的不完全信息增加了企业外部融资的交易成本，导致企业通过内部融资和通过外部融资的成本具有明显的差异，因此，企业在外部融资过程中会产生金融摩擦。与未引入金融加速器机制的新凯恩斯主义（New Keynesianism）模型相比，BGG 模型突出了金融市场的作用，在该模型中金融冲击不仅会直接影响就业、产出等核心宏观变量，还可通过股票价格等资产价格途径对企业的投资产生间接的影响并最终导致宏观经济呈现周期性波动的特点。BGG 模型将金融因素引入研究经济周期的一般均衡分析框架中，创建了研究经济周期理论的一般方法，为后续相关研究提供了方法上的参考与借鉴。此后，Christiano 等（2003）进一步拓展了 BGG 模型，他们在 BGG 模型的基础上又将工资摩擦和银行部门等纳入经济周期的理论模型中，研究发现金融加速器机制会放大流动性偏好冲击对实体经济的影响。

Kiyotaki 和 Moore（1997）则将信贷抵押约束引入一般均衡模型框架中，并以此分析了各类外生冲击对经济波动产生的影响。他们认为，信贷抵押品市场价值的变化会导致企业外部融资时面临融资约束强弱的变化。当负向冲击导致企业资产负债表恶化后，会引发企业不断抛售其固定资产，进而市场上出现固定资产供大于求的情况，从而导致资产价格迅速下跌。在抵押信贷约束的机制下，企业固定资产价值的下降导致企业可获得贷款规模减小，并进一步降低企业对固定资产的需求，使得资产价格进一步下跌，从而形成循环往复的反馈过程。这个过程的持续反馈，使得负面冲击被不断地放大，产生金融加速器效应。与 BGG 金融加速器机制不同，Kiyotaki 和 Moore（1997）认为，抵押品的市值变化不再通过外部融资溢价渠道间接影响银行信贷，而是直接影响企业自身的信贷额度。

2. 基于内生信贷约束的金融加速器机制

在上述外生信贷约束的金融加速器模型中，金融中介是企业与家庭间借贷行为的主要媒介，但是上述基于外生信贷约束的金融加速器模型却始终没有将金融中介的行为进行显性表达（刘承洋，2019）。Goodfriend 和 McCallum（2007）将银行部门资本进行内生化处理，从而建立了银行资本约束机制，并通过构建一个包含家庭、企业和银行在内的动态随机一般均衡（Dynamic Stochastic General Equilibrium，DSGE）模型来研究外生冲击在实体经济中的传导，研究结论显示，在模型中引入银行部门可以显著地提高金融波动对实体经济波动的解释能力。上述模型将银行部门引入经济金融周期理论框架中，使得该模型的理论机制不仅包含了银行的信贷渠道还包含了资产负债表渠道，进一步丰富了金融经济周期的理论机制。Gertler 和 Kiyotaki（2010）则在反思 2008 年国际金融危机的基础上，认为银行与储户之间的不完全信息（信息不对称）导致委托代理问题，委托代理问题又进一步导致储户与银行之间的金融摩擦。同时，他们还构建了一个包含银行中介和信贷市场摩擦的 DSGE 模型对此加以验证，研究结果表明，银行层面的金融摩擦导致的外部冲击对宏观经济的影响具有明显的金融加速器的效用。以此为起点，Gertler 和 Karadi（2011）在 GK 金融加速器机制基础上加入了银行间市场，通过构建银行间利率市场模型分析了银行资产价值变化、银行间拆借市场以及银行资产负债表的影响；Gertler 等（2012）通过允许银行募集外在股权扩展了银行的外部融资渠道，并分析了系统性风险的控制及宏观审慎监管政策的实施效果。上述研究主要假设金融部门通过自身的最优化行为来实现信贷需求与供给的平衡，不再外生地引进借贷约束不等式，因此，与外生信贷约束机制的金融加速器有着本质的不同。

金融加速器理论假设金融市场存在金融摩擦和信息对称，金融机构在给企业发放贷款时需根据企业的资产负债表来确定给予企业的贷款发放价格和规模。因此，当经济受到负向冲击时，企业的产出首先受到外部经济冲击的影响并导致企业资产规模下降、资产负债表不断恶化，进而影响金融机构对企业发放贷款的价格和规模。因此，企业的外部融资能力受到较大的冲击，而企业外部融资能力的下降又进一步影响企业的生产经营活动，通过这种传导最终放大了外部冲击对宏观经济的影响。不仅如此，在这一过程中还可能包含 Fisher“债务—通货紧缩”效应。Christiano 等（2010）认为，由于金融合约都是按名义项目签订的，当经济波动导致价格水平下降时，企业实际债务负担上升并恶化了企业的融资条件，会限制企业的融资能力，对企业的发展产生不良影响。因此，当冲击导致产出和价格水平同方向变动时，金融加速器机制和 Fisher“债务—通货紧缩”效应机制相互强化，从而增加了冲击对经济造成的影响。通过这种传导机制，信贷等金融冲击对实体经济的影响会被放大数倍。

（二）银行中介机制

银行中介机制强调外部冲击对银行中介的负债结构和资产组合的影响（赵米芸等，2017）。银行部门的主要作用在于将储户的储蓄转变为企业的投资，因此，银行部门将储蓄转化为投资的效率影响着社会资金的配置效率。当经济受到负向冲击时，为了满足金融监管部门对存款准备金和资本充足率的监管要求，银行部门会不断地紧缩信贷、催还贷款以及提升信贷利差，从而增加整个经济体系的融资成本。负向冲击还会直接恶化银行部门资产负债表，导致银行资本受损并减少其可贷资金规模。由于银行融资是实体经济部门最重要的融资渠道，银行部门压缩信贷规模和提升融资成本会极大地影响实体经济的正常运行，导致实体经济中投资和产出规模大幅减小，最终导致经济呈现周期性波动。由于这种渠道的传导机制为从外生冲击到银行资产负债表再到实体经济，因而这种传导机制也被称为“银行信贷渠道”。此外，当借款人发生违约时，银行部门和借款人之间将会出现“财富再配置冲击”效应（Iacoviello，2015）。借款人发生债务违约会增加银行部门的坏账率，导致银行部门的资本充足率低于监管部门的监管要求。不仅如此，借款人债务违约还会导致银行部门去杠杆化或资产负债重组，从而导致债务违约风险通过银行部门的去杠杆化操作而转化为信贷冲击。由于金融摩擦等作用机制，信贷冲击在实体经济中不断被传播、放大并导致实体经济出现大幅波动。不仅如此，信贷本身也在这一过程中呈现周期性波动的特点。最终，通过上述传导机制，金融市场的波动又被叠加到对实体经济的冲击中，实体经济的波动又作用于财富配置，进一步强化了金融市场的波动，从而导致整个宏观经济出现周期性波动。

三、金融周期的测度

合理地度量金融周期是决定金融周期实证研究结果可靠性和研究价值的重要前提，尽管当前很多学者都认为理解金融周期对理解经济周期波动具有重要的意义，但在金融周期的度量方法上仍无一致的标准。总体来看，国内外学者对金融周期的测量通过以下两种方法：一种方法将信贷的周期性变动作为金融周期，以考察金融周期对经济的影响；另一种方法则选择信贷和房价等指数提取共同周期因素来合成金融周期。

Schularick 和 Taylor（2012）基于信贷 /GDP 指标构建了信贷周期，并以此考察了 14 个国家 1870~2008 年信贷周期和金融危机之间的关系。研究发现，信贷指标、金融杠杆指标的扩张与收缩对金融危机具有显著的预测作用，表明金融危机是信贷过度膨胀和政策当局忽视信用扩张的结果。Aikman 等（2015）采用 HP 滤波方法测量了信贷周期，并比较分析了信贷周期与经济周期之间的关系，研究发现信贷周期相比经济周期具有中周期且波动性更大的特点。此外，信贷周期与银行业危机具有密切关系。

Claessens 等（2011）认为，信贷与资产价格是度量金融周期的重要变量，并采用转折点分析法对比分析了 21 个发达国家 1960~2007 年信贷、房价和股价的周期性波动。他们研究发现，信贷、房价和股价之间存在彼此强化的作用机制，不仅如此，世界各国的金融周期都具有一定的同步性，且每个完整的金融周期相比经济周期都具有持续时间更长的特点，从而为理解金融周期提供了综合的分析框架。Drehmann 等（2012）及 Borio 等（2013）则认为，构建金融周期的指标体系至少应当包括信贷、信贷 /GDP 以及房价。Drehmann 等（2012）基于转折点和滤波分析法研究了信贷、信贷 /GDP 和房地产价格的周期性波动，并将三个指标共同的周期性波动作为金融周期。他们的研究发现，自 20 世纪 80 年代中期以来，金融周期的长度和幅度明显增加且金融周期顶点与金融危机密切相关。Borio（2014）指出，信贷是衡量经济杠杆率的粗略测度，可以用来衡量融资约束的程度，而房地产价格是衡量资产价格的重要变量，在金融周期中扮演着重要的角色。因此，综合信贷和房地产价格构建的金融周期指标可以更好地捕捉金融周期的特点。值得注意的是，Drehmann 等（2012）及 Borio 等（2013）

并不建议将股票价格纳入金融周期的度量，他们认为虽然股票价格在金融和宏观经济变量中表现较为突出，但与房地产价格和信贷变量不同，股票价格往往具有短期波动的特点，并且股票价格的周期顶点与金融危机之间不存在显著的相关关系。

从国内的研究看，陈雨露等（2016）选用私人部门信贷/GDP（采用M2/GDP的结论一致）作为测度金融周期的基础变量，将采用HP滤波法生成的周期项作为度量金融周期的指标，并将金融周期划分为高涨期、衰退期和正常期。伊楠和张斌（2016）采用信贷、信贷/GDP以及国房景气指数三个变量度量了中国的金融周期，发现中国金融周期具有慢升快降的特点，且金融周期的长度显著大于经济周期，其中金融周期波峰与经济增速下滑紧密相关。范小云等（2017）同样选取信贷、信贷/GDP、房地产价格来测度中国的金融周期，他们采用主成分分析法将CF滤波生成的周期项合成为金融周期指标。研究发现，相比于经济周期，中国的金融周期具有持续时间更长、波动幅度更大的特点，且中国金融系统对实体经济波动具有显著的领先放大作用。王博和李昊然（2018）将GDP、信贷、信贷/GDP、股市和房地产五个宏观变量作为衡量金融周期的指标，并采用UCTSM模型及相移方法对我国金融周期长度、幅度、领先滞后程度进行了研究，发现金融周期同时存在短周期与中周期。朱太辉和黄海晶（2018）则选取广义信贷、广义信贷/GDP以及房地产价格作为金融周期的构建指标，采用带通滤波法生成了我国的金融周期指标。研究发现，我国金融中周期的持续时间和波动幅度均显著低于西方发达国家。

第二节　房地产周期理论

一、房地产周期理论发展历程

房地产周期这一概念由来已久，早在20世纪30年代就有学者对此进行了相关研究。1929年经济大萧条之后，为了确保不再发生类似的经济危机事件，人们开始寻找能够更好地管理和稳定经济增长的方法。由于投资是总产出中最不稳定的部分，而房地产投资又是总投资中最不稳定的部分，越来越多的研究人员开始关注房地产在经济运行中所扮演的角色。Hoyt（1933）考察了芝加哥 1830~1933 年土地价值的变化规律，发现现有建筑物营运成本、土地价值、租金水平、新建房地产面积和人口增长率存在周期性波动，并将这种周期性波动称为“芝加哥房地产周期”。Cairncross（1934）研究了英国格拉斯哥 1870~1914 年建筑业的发展概况，发现住房价格、租金水平、住房空置率均存在周期性的波动。Long（1936）研究了美国曼哈顿 1868~1935 年的房地产周期，发现曼哈顿房地产市场在此期间存在 4~6 年的短周期以及 15~26 年的长周期。

以上研究均将房地产周期作为一种典型事实，认为经济增长会引发人口流入，增加对住房的需求，进而导致更多的资金投入住房和基础设施建设。因此，经济发展、人口增长和房地产投资是解释房地产长周期与经济增长长周期密切相关的主要原因，而没有系统地研究房地产周期波动的内在动力。正如 Grover 和 Grover（2013）所说，如果房地产的周期性波动仅仅是外部市场环境变化或者随机冲击所导致的，且不存在一定规律的话，那么，房地产的周期性波动更应该被称为“房地产波动”而不是“房地产周期”。

20 世纪 60 年代之后，人们普遍认为基于人口迁移的模型不能再用来解释房地产周期，并开始从两个理论层面对房地产周期进行解释。其中，一个理论研究方向是将注意力转移到房地产建设投资资本的内生调整过程。该理论认为，开发投资量是房地产开发商根据当前房地产市场的运行情况决定的，但由于房地产具有建设周期长和耐用品的属性，房地产开发商当前的投资决定要在一段时间后才能发挥作用，因此，这种投资资本的动态调整过程会导致房地产市场呈现周期性波动的规律。另一个理论将研究视角转向黏性租金调整过程，将入住率的变化与向开发商提供市场信号的租金和价格变化联系起来。由于租金调整具有黏性，租金价格不能及时反映房屋的真实需求，导致开发商对房地产市场的预期产生偏差并影响未来房产的供给，从而使得房地产市场呈现周期型波动的特征（Barras，2009）。而 Shiller（2015）则认为，房地产的周期性波动大都可以通过“非理性繁荣”和“羊群效应”来解释。

在理论建模方面，Rosen（1984）通过构建包含房地产生产和投资的结构模型分析了美国旧金山的写字楼市场，发现空置率是影响写字楼建设周期的主要原因，而预期租金水平、建设成本、利率和税率对写字楼市场的影响并不显著。Wheaton（1987）基于一般均衡模型研究了美国二战后的写字楼市场，发现美国写字楼市场存在 10~12 年的周期性波动，且人们对未来经济形势的预期对写字楼市场具有重要的影响。McGough 和 Tsolacos（1995）通过构建理论模型分析了英国的房地产周期，认为房地产建设周期是导致房地产市场呈现周期性波动的主要原因。Pyhrr 等（1999）基于博弈模型从微观、宏观以及管理的层面研究了房地产周期的成因，认为房地产周期理论是一种基于博弈的投资理论，它将信息不对称理论和投资者与政府、投资者之间以及各地方政府之间的经济决策联系起来，解释房地产的周期性波动。Wheaton（1999）基于存量—流量模型解释了房地产周期形成的原因，认为由于房地产的耐用品属性、房地产供给的滞后性以及人们难以完全正确预测将来房地产的价格走势，当前的需求冲击会导致未来一段时间房地产的超额供给或者供给不足，造成未来房地产的价格走势呈现周期性的波动，且当房地产供给弹性大于需求弹性时这种波动就更加明显。Barras（2005）基于一般均衡模型研究发现，租金黏性、房地产开发商对需求变动回应的滞后性以及房地产开发的长期性会导致房地产开发活动、空置率以及租金水平呈现周期性波动。Davis 和 Zhu（2011）研究了房价和银行信贷之间的相互关系，发现在一定的假设条件下银行信贷冲击可以导致商品房价格出现周期性波动。

在国内研究方面，何国钊等（1996）分析了我国 1981~1994 年的房地产周期，发现我国房地产市场在此期间出现了三次高潮，且我国的房地产周期大约持续 4~5 年。吴强和侯廷娴（2004）分析了经济过热和我国房地产周期之间的关系，认为房地产业已成为我国国民经济的支柱产业，而房地产市场的“冷”与“热”实际上是房地产发展的周期性波动。张晓晶和孙涛（2006）认为，我国房地产市场具有“朱格拉周期”的特点，且房地产周期与金融稳定息息相关，房地产市场发展影响金融稳定。崔光灿（2009）运用面板数据模型研究了我国 1995~2006 年 31 个省（自治区、直辖市）的房价数据，发现房地产价格显著地受利率和通胀的影响，且房地产供给、收入等宏观经济变量也决定着房地产价格的周期波动。周秀英（2009）认为，国家政策因素对房地产周期波动具有重要影响，且经过20余年的发展，中国房地产市场逐渐趋于健康和理性，房地产周期与经济周期之间的互动效应也越来越明显。徐国祥和王芳（2012）研究了我国房地产周期与股票市场周期波动之间的关系，研究发现，我国房地产市场与股票市场和房地产股票市场都存在耦合周期，而股票市场周期领先于房地产市场周期。

Baum 和 Hartzell（2012）在总结前人文献的基础上认为，和经济周期类似，房地产周期也分为复苏、繁荣、衰退和萧条四个阶段。典型的房地产周期大致会经历如下过程：首先，当房地产的市场价值超过房地产的重置成本时，房地产开发商开始加大投资，提高新房供应量。不仅如此，受房地产市场利润的驱使，大量的债务和权益性资本流入房地产市场，进一步推动房地产市场的繁荣。房地产市场的繁荣直接推动房地产市场的就业并拉动与房地产相关产业的发展。其次，房地产的过度繁荣导致房地产供给超过需求，由于购房者和租房者有了更多的选择，房价和房地产租金价格开始下降，房地产价值开始下跌并最终下跌至房地产重置成本以下。由于新房开发建设需要多年时间来完成，房价下跌后新房供给并不会立即停止，进一步导致房地产市场的超额供给，新房投资开始暂停并降低房地产市场及其相关产业的劳动需求，可能导致经济环境的进一步恶化。再次，随着经济开始复苏，就业机会以及收入水平开始提高，不断增加的就业和收入提升了人们对办公场所和住房的需求，房价以及租金价格开始回升。但由于重置成本仍高于房地产的市场价值，开发商通过新建住房并不能获得利润。此时，房地产市场处于供给短缺阶段。最后，随着房价和租金价格的进一步回升，房地产的市场价值超过其重置成本，房地产开发开始缓慢重启。由于投资者预期未来房地产有进一步升值的空间，能够带来巨额的回报，大量资本开始流入房地产市场推动房地产市场走入下一个繁荣。以上阶段周而复始，导致房地产市场围绕其长期趋势呈现周期性波动，最终形成房地产周期。

二、房地产周期的测度

关于房地产周期的测度，一种方法是通过构建经济理论模型，将趋势项和周期项通过先验理论模型来确定；另一种方法是通过统计方法进行分解，采用统计分解方法的一个关键假设是周期项是平稳的，而趋势项是非平稳的。将趋势项去除后，就可以采用波峰波谷法、转折点法以及频谱分析等方法对周期项进行分析（Barras，2009）。由于房地产市场结构复杂，难以通过理论模型对趋势项和周期项进行精确的分离，现有研究多参考分离经济周期的方法，采用移动平均滤波法（将周期定义为真实值相对于移动平均值的偏离）和 HP 滤波等统计方法来分离周期项和趋势项。比如，Long（1936）基于移动平均滤波法研究了曼哈顿的房地产周期；McGough 和 Tsolacos（1995）在研究英国房地产周期时系统地梳理了识别经济周期所采用的去趋势方法，发现多数研究均认为 HP 滤波法在识别周期项中是最优的；Wilson 和 Okunev（1999）系统地研究了美国、澳大利亚和英国的房地产行业股票指数之间的关系，他们基于频谱分析方法测度了上述国家的房地产周期并发现美国房地产市场存在明显的周期性波动，且国家之间的房地产周期存在显著的相关性；Witold（2002）基于 HP 滤波法分析了瑞典的房地产周期，认为采用 HP 滤波法能够从房地产时间序列数据中准确地分离出周期项。

在国内研究方面，中国社会科学院“房地产周期波动研究”课题组（2002）采用房屋施工面积增长率、房屋竣工面积增长率、房地产投资增长率、房屋销售额增长率、商品房价格年上涨率以及房地产业增加值增长率六个指标的加权平均值构建了中国的房地产周期指标，发现 1981~2002 年，我国房地产市场经历了三个半周期，且在此期间我国房地产周期呈现周期长度增加、波动幅度减少以及衰退与扩张时间占比减少的特点。张红和谢娜（2008）研究了 1992~2005 年北京市房地产市场的波动特征，其基于主成分分析法与谱分析法相结合的方法度量了北京市的房地产周期，发现北京市的房地产市场存在长度约为 3 年的短周期，但从长期来看，供给方面还存在长度为 7 年的次周期。唐志军等（2009）研究了我国房地产市场 1998~2008 年的波动特征，并基于时序全局主成分方法研究发现，在此期间我国房地产增长经历了两个完整的周期，其中房地产完成开发投资额增长率是对房地产周期波动影响最大的因素。徐国祥和王芳（2010，2012）采用加窗平均周期图谱分析和多次分辨法相结合的方法度量了我国的房地产周期，发现自1998年初到2009年末，我国房地产市场存在36个月的主周期和27个月的次周期，且该周期波动与我国房地产政策是密不可分的。

随着越来越多的研究人员开始关注房地产周期，人们对房地产周期的认识也逐渐深入。此外，由于房地产周期的测度方法得到了逐步的改进，越来越多的证据表明房地产市场存在明显的周期性波动，因而房地产周期也逐渐在制定宏观经济政策和微观投资决策时受到广泛的重视，房地产周期对于决策者和投资者的重要性已得到了广泛的认同。

三、金融周期与房地产周期

在金融周期与房地产周期关系的理论研究中，Iacoviello（2005）首次将与房价相关的企业抵押约束和名义债务引入新凯恩斯研究框架中，分析了房地产业在金融经济周期理论中起到的作用。研究发现，房价相关的企业抵押约束和名义债务的综合能够较好地解释需求和供给冲击对经济波动的影响，且盯住房价的货币政策能较好地稳定经济。其后，Iacoviello和Neri（2010）又将家庭部门的房地产作为借贷抵押物放入金融经济周期理论的研究框架中，并以此研究了房价波动与企业和家庭的消费、支出之间的关系，探索了房地产在经济金融周期中起到的重要作用。以上研究将房地产因素纳入研究金融周期的理论框架中，可见房地产市场是金融周期理论的重要组成部分，因此，房地产周期也可以看作是金融周期的重要组成部分。

由于房地产业在国民财富中占据重要的位置且因其具有耐用消费品和投资品的双重属性，使得房地产价格在金融周期中扮演着重要的角色，是将金融和实体经济联系起来的重要纽带（伊楠和张斌，2016）。因此，在金融周期的度量中，房价因素起着举足轻重的作用。Claessens等（2011）认为，信贷、房价和股价之间存在彼此强化的作用机制，信贷与资产价格是度量金融周期的重要变量。此外，Drehmann等（2012）以及Borio等（2013）都认为，房地产价格是衡量资产价格的重要变量，在金融周期中扮演着重要的角色，因此，构建金融周期的指标体系至少应当包括信贷、信贷/GDP以及房价。可见，从金融周期与房地产周期的度量指标来看，房价指标在金融周期的度量中扮演着重要的角色，是金融周期的重要组成部分。

根据以上分析，无论是从理论机制方面还是从金融周期与房地产周期度量角度来看，房地产市场在金融周期的理论体系中均占据着重要的地位，是金融周期的重要组成部分。

第三节　金融危机理论

一、金融危机形成机制理论

根据金融危机的相关定义，金融危机主要表现为大面积的银行倒闭、长期恶性的通货膨胀或通货紧缩、资产价格暴跌以及本国货币的大幅度贬值，且这些现象具有周期性、传染性和极端危害性等特点。根据 Laeven 和 Valencia（2018）的研究，全球 165 个国家 1970~2017 年共发生了 464 次不同类型的金融危机，且 1990 年之后金融危机的发生频率大幅增加。由于每次金融危机都表现出不同的特征，学者们也只能根据单次金融危机的特征从不同的角度提出新的理论模型来对金融危机形成的机制进行解释。从早期的"债务—通货紧缩"理论、"金融不稳定假说"到"资产价格泡沫"理论和现代金融危机模型，均是在对历次金融危机特点的归纳和总结基础上提出的，尚未对金融危机形成机制的一般性和完整性的理论解释达成一致。因此，寻求更为一般的经济金融理论来解释金融危机的形成和爆发机制仍需数代经济学家不断的努力。同时，这也为本章探索金融危机形成机制的理论解释提供了研究动力。

（一）"债务—通货紧缩"理论

Fisher（1933）在总结 1929~1933 年大萧条爆发特点的基础上提出了"债务—通货紧缩"理论，该理论认为企业过度负债是导致大萧条的主要原因。根据"债务—通货紧缩"理论，企业家为追逐更多的利润而在经济繁荣期通过大量贷款来扩大生产规模，从而导致过度负债；而在经济形势变差的萧条期，企业家不得不通过抛售资产来偿还债务，导致资产价格水平下跌，从而出现通货紧缩。而通货紧缩导致企业利润率进一步下降，企业停止生产导致失业率攀升。由于失业率的增加，人们开始产生悲观心理并对投资丧失信心，因而更愿持有货币，导致货币流动性下降，实际利率水平上升。资产价格水平下跌和实际利率水平上升意味着企业的实际债务水平上升，导致金融系统违约风险增加。过度负债和通货紧缩会相互强化，导致企业和银行大量破产，引发金融危机。Bordo（2008）系统地研究了2007年美国次贷危机，其认为美国银行部门在经济繁荣时期过度扩张其信贷规模，而过度扩张的信贷又滋生了大量的不良贷款。由于监管的缺失，大量的不良贷款通过金融衍生品工具被不断打包上市，最终流向整个金融系统。当经济出现过热时，美联储通过加息来调节流动性，刺破了金融系统泡沫，最终引发了金融危机。

（二）金融不稳定假说

Minsky（1977）将凯恩斯宏观经济模型与预期理论运用到金融危机的研究中，并提出了“金融不稳定假说”。Minsky认为虽然从很大程度上来说经济的周期性波动是金融危机的主要原因，但从更本质的视角来看，爆发金融危机的原因在于借款人和商业银行等金融机构自身的不稳定性，而这种不稳定性最终导致金融危机不断发生。其还认为，金融不稳定的重要来源为代际遗忘和竞争压力，其中代际遗忘指上次危机已经过了很久，贷款人对当前利益的贪欲往往能够战胜他对过去危机的恐惧，并导致危机不断重演；竞争压力指贷款人出于竞争的压力而做出许多不谨慎的贷款抉择。Kindleberger和Aliber（2011）系统整理了17世纪以来的金融危机历史案例，佐证了Minsky“金融不稳定假说”的结论。Reinhart和Rogoff（2009）系统地梳理了800年间爆发金融危机前后金融跌宕起伏的规律，发现几乎在每次金融危机爆发前资产价格大幅上涨之时，人们总是被贪婪的“动物精神”所左右，认为“这次不一样”，不是危机的前兆。这种心理使人们放松了应有的警惕，这不仅对金融危机的爆发起到推波助澜的作用，还使我们失去了预防金融危机爆发的最好时机。

（三）资产价格泡沫理论

Fama（1965）在完全竞争、零交易成本、完全信息和理性预期等假设的基础上提出了有效市场假说（Efficient Markets Hypothesis，EMH），该假说认为金融市场具有使保持资产价格与决定资产价格的因素保持一致性变化的能力，因此，金融市场不可能存在泡沫。长期以来，人们一直忽略了资产价格泡沫引发金融危机的作用机制。由于有效市场假说的前提条件过于苛刻，而现实的资本市场很难满足这些条件，学者们在 20 世纪 70 年代末开始用资产价格泡沫理论对金融危机做出解释。

Blanchard（1979）首先提出了理性泡沫随机模型，该模型认为存在于经济体的随机因素是泡沫产生和破灭的主要原因。而 Froot 和 Obstfeld（1989）则认为，资产价格可以在经济环境中被持续地低估或高估，因此，资产价格与其基本价值的偏离可以持续且稳定的存在。此外，资产价格对利好或者不利消息会出现反应过度的现象，从而呈现出周期性破灭和重新开始的现象。Shiller 等（1984）以及 Shleifer 和 Summers（1990）认为，投资者易受潮流和狂热情绪影响的从众心理在金融市场上发挥着重要的作用，在市场中部分投资者的预期和想法容易受到潮流、狂热和谣言等外部因素的影响，该部分投资者的盲目“跟风”行为可能导致资产价格出现过度的波动，使得资产被错误的定价而形成泡沫，是市场的一个不稳定因素。Shiller（2015）认为，“非理性繁荣”导致美国出现巨大的房地产价格泡沫，而房地产价格泡沫的破裂是导致 2007 年美国次贷危机的直接原因。林毅夫（2009）也指出，美联储的紧缩政策刺破了美国房地产价格泡沫，从而引发了次贷危机的爆发。

（四）现代金融危机理论

20 世纪 70 年代以来世界经济发生了深刻的变化，经济全球化成为新的发展趋势，经济全球化发展又不断推动全球金融市场快速发展。在这种背景下，金融创新产品日趋复杂，国与国金融市场之间的联系也变得更加紧密，金融市场的运行机制也变得更加多元。但在此过程中，全球金融市场波动却愈演愈烈，金融危机等极端事件不断呈现周期性的爆发趋势，且金融危机往往表现出不同的特征。为解释金融危机爆发的原因，学者们针对不同的金融危机事件，从不同的角度先后提出了四代金融危机理论来解释新发生的危机。

第一代金融危机理论形成于墨西哥和阿根廷在 20 世纪 70 年代相继爆发货币危机之后。为了解释两国爆发货币危机的原因，Krugman（1979）在研究两国爆发货币危机特点的基础上提出了国际收支货币危机模型。此后，该模型先后经过 Flood 和 Garber（1984）以及 Krugman 和 Rotemberg（1990）的扩展和完善，发展成为第一代金融危机理论。第一代金融危机理论实际上是关于货币危机形成的理论，该理论认为，固定汇率制度与宽松的货币政策和财政赤字政策之间存在根本的矛盾，该矛盾是这些国家发生货币危机的主要原因。当宏观经济基本面恶化时，容易引发货币投机性攻击并导致该国的汇率出现大幅度的波动并引发货币危机。因此，该理论认为，政府对宏观经济基本面的忽视是货币危机爆发的主要原因。上述第一代金融危机理论不仅很好地解释了 20 世纪 70 年代爆发于墨西哥和阿根廷的货币危机，也很好地解释了俄罗斯和巴西爆发于 1988 年的货币危机。

第二代金融危机理论形成于 1992 年英镑危机之后。1992 年，英国在外汇储备充裕且财政赤字没有影响固定汇率制度的情况下爆发了英镑危机。对此，第一代金融危机理论无法给出合理的解释。为解释英镑危机的发生机理，Obstfeld（1994）认为，中央银行和投资者之间存在博弈关系并设计了一个多重均衡博弈模型，基于该多重均衡博弈模型，其阐释了动态博弈下货币危机自我实现的特点。Drazen 和 Masson（1994）、Obstfeld（1996）以及 Sachs 等（1996）在此基础上对模型进行了拓展，形成了第二代金融危机理论。第二代金融危机理论认为，投资者主要根据其投资收益来决定买入或卖出外汇，而中央银行则主要根据维持固定汇率的成本来考虑是否维持固定汇率，而当这两者出现失衡时就会爆发货币危机。根据第二代金融危机理论，货币危机的爆发与否只取决于一个国家中央银行和外汇投资者之间的博弈结果，与该国家的经济基本面没有关系。虽然第二代金融危机理论较好地解释了爆发于1992年的英镑危机和爆发于1994年的墨西哥货币危机，但该理论不能合理地解释爆发于1997年的亚洲金融危机。

第三代金融危机理论形成于1997年亚洲金融危机之后。1997年，始于泰国货币危机的亚洲金融危机与以往的货币危机具有很大的不同，呈现出许多新的特征。具体来说：首先，在这次金融危机爆发之前许多东南亚国家都经历了快速的发展期，各国在金融危机爆发前没有明显的基本面问题；其次，在此次危机前，大部分外资是以股权投资的形式流入东南亚各国且政府没有为这些投资提供担保，不能用道德风险来解释危机的起因；最后，在这次危机之前各国也不存在严重的过度投资。因此，第一、第二代金融危机理论显然无法解释亚洲金融危机形成和爆发的原因。为了解释亚洲金融危机产生的原因，McKinnon和Pill（1998）认为，东南亚国家的企业和金融机构在危机之前过度地扩大了资产负债表，并将这种原因称为“过度借贷综合征”。此外，普遍存在于这些国家的亲缘政治给投资者提供的隐形福利增加了金融业的道德风险，并增加了这些国家金融体系的脆弱性。然而，Bloom等（1998）却认为，银行部门不是亚洲金融危机爆发的主要原因，因此，过度借贷模型不能解释亚洲金融危机。同时，他们在Diamond和Dybvig（1983）研究的基础上，从“羊群效应”和“金融恐慌”的视角拓展了银行挤兑模型，并基于拓展模型研究了亚洲金融危机产生的原因。他们认为，由于“金融恐慌”和“羊群效应”，大量投资于这些东南亚国家的长期资本项目被迫清算引发货币流动性危机，并最终发展成为区域性的金融风暴。此外，Corsetti等（1999）则认为，借款者违约将导致国际资本流动发生逆转，政府部门不得不贬值本币，由此引发的资产负债表效应会破坏一个国家经济的健康发展，导致银行破产甚至爆发金融危机。第三代金融危机理论对危机的解释能力大大超过了前两代模型，但基本上还是围绕前两代金融危机模型展开的，仍然有待进一步发展。

第四代金融危机理论同样形成于1997年亚洲金融危机年之后，是一个仍在不断发展的理论。Krugman（1998，1999）根据公司的资产负债表构建了“资产负债表危机模型”，该模型假定国外债权人的放贷规模和价格根据贷款国企业的财务净值来确定，并将企业的融资能力与企业财务净值之间的关系应用到了开放的宏观经济环境中。根据第四代金融危机理论，一个国家的企业持有的外债水平越高，外国债权人（投资者）越会不断下调对该国经济发展的预期并减少投资规模，投资规模的减少导致外币流入不断减少并随之引发本币贬值。因此，一个国家的外债水平越高，该国资产负债表的杠杆效应就越大，最终爆发金融危机的可能性也越大。

二、金融危机预警研究

20 世纪 90 年代以来，频繁爆发的金融危机引起了学界的广泛关注，引发了大量关于金融危机预警的研究，并先后发展形成了四种具有代表性的金融危机预警模型。

Frankel 和 Rose（1996）基于受限因变量模型构建了 FR 模型，通过实证研究 100 个发展中国家 1971~1992 年的金融危机样本数据后发现，具有较少的外商直接投资（FDI）、较低的国际外汇储备以及汇率普遍存在高估、本国信贷膨胀、债权国利率上升的国家更容易发生金融危机。Bussiere 和 Fratzscher（2006）将 FR 模型扩展至多元分类 Logit 评价模型，并以此研究了经济平静期、危机期和恢复期各预警指标的表现。由于 FR 模型认为各指标对不同国家金融危机的影响是同质的，这种做法与实际情况具有较大的差异。此外，FR 模型不仅会受到所选指标有限的限制还会受到计量方法的限制，这些限制对于模型的预警效果具有较大的影响。因此，一部分学者提出了包含更全面指标范围的信号预警模型。

为应对 FR 模型的不足，Kaminsky 等（1998）构建了一个包含较为全面的指标体系的预警模型（KLR 模型），该模型根据各指标的历史数据确定其临界值，当某个指标的临界值被突破时就发出危机的预警信号，最终利用模型发出的危机信号和实际发生的金融危机是否匹配来评价危机模型的预警效果。Sachs 等（1996）认为，实际汇率贬值、国内私人贷款增长率以及国际储备 /M2 是预警金融危机发生与否的三个主要因素，他们采用横截面数据和线性回归模型实证检验了实际汇率、贷款增长率和外汇储备 /M2 与货币危机之间的关系，从而构建了 STV 模型。STV 模型与 FR 模型、KLR 模型不同，其更倾向于研究对金融危机有显著影响的各个指标的特性。

随着 FR 模型、KLR 模型和 STV 模型的逐渐发展与成熟，经济学者们开始寻求将上述各预警模型的优势结合起来的预警方法，并做了大量的尝试。比如，Berg 和 Pattillo（1999）在 KLR 信号分析法和 FR 模型的基础上提出了 DCSD 模型。相比来说，DCSD 模型综合了 KLR 信号分析法和 FR 模型的优点，能够更加准确地发出各类金融危机的预警信号，国际货币组织认为 DCSD 模型是目前效果最好的一种方法。

国内研究人员对金融危机的预警也做了大量的研究，但更多的是对国外相关研究的补充和扩展。刘志强（1999）基于 KLR 模型提出了包含更多指标的预警模型，并采用 1997 年亚洲金融危机和 1994 年墨西哥金融危机数据对预警效果进行了检验，发现新的预警模型对两次金融危机均有较好的预测效果；张元萍和孙刚（2003）基于 STV 横截面回归模型和 KLR 信号分析法分析了我国发生金融危机的可能性；史建平和高宇（2009）基于 KLR 模型和 24 个新兴市场国家 2004 年和 2005 年的数据分析了各国 2006~2008 年的金融危机状况，发现尽管 KLR 模型具有较好的预警能力，但由于该方法忽视了政治事件等外生因素也会影响危机的预警效果。

此外，我国学者在研究金融危机过程中也发展出了一些新的预警方法。贺晓波和张宇红（2001）运用聚类分析法、熵值法、层次分析法等统计方法构造了“信号灯分析法”，并采用此方法对银行风险进行了预警，给出了商业银行风险监测预警指数的临界值；南旭光和罗慧英（2006）基于比例风险模型研究了 31 个国家和地区汇率、外汇储备和利率与外汇压力指数之间的关系，发现汇率、外汇储备和利率能够准确地预警一个国家面临的外汇压力；陈卫华和张睿（2007）则通过构建“可能—满意度”的金融危机预警系统来研究该指标与是否爆发金融危机之间的关系，并采用 1997 年泰国、韩国、印度尼西亚、马来西亚和中国的数据进行预警效果检验，结果表明该预警体系具有较好的预警能力；陈守东等（2009）基于 23 个指标和 MS-VAR 模型为货币危机、银行危机和资产泡沫危机分别构建了金融风险预警模型，从而为金融危机预警提供了新的方法；朱钧钧等（2012）则将马尔可夫转换模型用于货币危机的预警，通过对亚洲金融危机的研究证实了该模型具有较好的预警能力；金洪飞和万兰兰（2014）利用 Logit 模型检验了 GDP 增长率、人均 GDP、实际利率、国内信贷 /GDP、通货膨胀以及 M2/ 外汇储备等指标对于银行危机的预警能力，研究发现，GDP 增长率、人均GDP和实际利率高的国家发生银行危机的概率较小，而国内信贷/GDP、通货膨胀以及M2/外汇储备高的国家发生银行危机的概率显著增加。总的来看，我国学者对金融危机的研究已初具规模，且具有一定的理论深度与特色。

第四节 债券违约理论

国外信用债券市场已经发展多年，针对债券违约的相关研究层出不穷，产生了许多经典的理论模型。现有文献关于债券信用风险的理论模型主要有结构化模型和简约化模型两类，其中结构化模型将债券发行人的违约过程与其资产价值的变化联系在一起，进而计算债券发行人的违约概率；而简约化模型则将违约强度因素引入动态利率期限结构，放弃了结构化模型中基于公司价值的研究范式，开创了基于无风险债券利率期限结构的信用利差建模方法。

Black和Scholes（1973）最先基于无套利思想建立了欧式期权定价模型，开创了期权定价的理论研究。随后Merton（1974）在Black和Scholes（1973）研究的基础上通过一系列假设①将该期权定价模型应用于信用债券的定价之中，为债券定价提供了重要的理论支撑，同时该债券定价理论模型的建立对于债券信用风险的研究也具有重要的理论意义。Black和Cox（1976）则通过假设当发行人的资产价值在债券到期日前低于某一临界值时就会发生违约，建立了“外生违约结构化模型”，该模型放弃了Merton（1974）结构模型中债券只有在到期时才会发生违约的假设，因而更加符合债券违约的特征。其后，Longstaff和Schwartz（1995）通过改变无风险利率不变的假设，进一步将无风险利率的动态变化引入结构化模型

① 包括：企业仅通过发行股票和零息债券进行融资；债券到期日前发行人不会发生违约，但若在债券到期日发行人的资产价值低于债务本金，则债券发生违约；市场的无风险利率不变；发行人的资产价值服从几何布朗运动。

中，从而使模型的违约假设更加接近现实情况。

结构模型假设债券是否违约取决于债券发行主体的资产价值，而在对企业资产价值进行评估时难以显性地确定估计参数的大小和发生违约的边界。因此，在结构化模型难以量化分析以及日趋复杂的情况下，研究人员逐渐开始通过简约化模型来评估信用债券的违约风险。Jarrow 和 Turnbull（1995）将信用债券的利率分解为无风险利率和由企业违约概率导致的信用利差两个部分，并采用随机过程方法对无风险利率和外生违约事件进行建模，从而开创了信用债券定价的简约化模型。随后，Madan 和 Unal（1998）进一步将债券回收率引入简约化模型之中，这种方法不仅考虑了违约发生后不同债务回收比例的概率，也考虑了违约事件在不同时间点上发生的概率，从而丰富了简约化模型的理论模型。Duffie 和 Singlcton（1999）在总结以往简约化模型研究的基础上提出了简约化模型的一般框架。他们认为，由于债券的违约过程可以通过外生因素进行简单的刻画，基于无风险债券的期限结构模型完全可以为信用债券进行定价。

第三章

金融周期、美联储加息与金融危机[①]

① 本章主要内容发表于《财贸经济》2019 年第 10 期。

第一节 引言

金融是实体经济的血液，健康稳定的金融环境对任何国家经济的平稳运行都起着至关重要的作用，但不定期发生的金融危机却给许多国家经济发展带来极大的危害，甚至会引发经济衰退。2008 年国际金融危机对全球多数国家的经济运行造成了巨大的冲击，全球经济也因此陷入 20 世纪 30 年代“大萧条”以来最为严重的一次经济衰退。虽然这次金融危机爆发后各国迅速出台一系列货币、财政刺激政策缓解了金融危机对各国经济的影响，但根据 Laeven 和 Valencia（2018）的研究，2008 年爆发国际金融危机的国家的平均损失达到了其 GDP 的 38.8%，可见金融危机对一国经济发展具有极大的危害性，因而金融危机历来都是经济金融领域学者们重点关注的议题。根据 Kindleberger 和 Aliber（2011）、Reinhart 和 Rogoff（2009）以及 Bordo 等（2001）的研究，金融危机的爆发具有一定的周期性，平均来看，每隔 10 年左右全球范围内就会爆发一次较大规模的金融危机。而根据国家外汇管理局的数据测算，2018 年土耳其和阿根廷两国货币对美元贬值幅度分别超过 30% 和 50%，按照 Laeven 和 Valencia（2018）关于货币危机的定义，土耳其、阿根廷两国均已经发生了货币危机。当前距离上次全球范围的金融危机已逾 10 年，“十年一危机”的说法再次进入人们的视野，土耳其和阿根廷两国的货币危机会不会传染世界上其他国家以及在短期内全球范围的金融危机会不会发生、何时发生、首先在哪个国家发生成为人们关注的焦点。特别地，党的十九大报告提出，要健全金融监管体系，守住不发生系统性金融风险的底线。而金融危机与金融风险又是有着紧密联系的两个概念，金融危机是系统性金融风险发展到一定程度时的具体体现，是系统性金融风险的转化。因此，研究金融危机发生机理以及厘清金融危机发生原因不仅可以让我们看清我国目前所面临的金融风险程度，还可以让我们认识到世界上其他国家的金融风险程度，使我们能够对内外部金融风险的爆发防患于未然。

鉴于此，本章主要研究金融周期和美联储加息（美元周期）对金融危机的影响机制，并在此基础上构建基于金融周期指标和美联储加息指标的金融危机预警模型。首先，本章系统地梳理了关于金融周期与金融危机的相关文献，从经济学理论视角分析了金融周期与金融危机之间的关系。其次，本章在此基础上系统地搜集整理了1970~2017年全球154个主要国家和地区爆发的各类金融危机数据和宏观经济数据，从金融周期和美联储加息这两个角度出发，从理论机制分析和实证检验阐明了金融周期和美联储加息对系统性银行危机、货币危机和主权债务危机的影响。本章的主要贡献是：第一，相比其他相关文献来说，本章选取的核心解释变量不仅包含代表一个国家内部因素的金融周期还包含一个国家所处外部环境的美联储利率水平，综合考虑了内外两种因素对各种类型金融危机的影响。第二，本章研究样本相比类似文献更加丰富，不仅包含世界上154个主要国家和地区，同时研究样本的时间跨度也相对较长。不仅如此，本章还分别研究了金融周期和美联储加息对银行危机、债务危机、货币危机以及系统性金融危机的影响，可以得到更具普遍意义的研究结论。第三，本章研究的是一个国家面临的最大金融风险，因此研究结论对于我国当前阶段的防范化解金融风险任务具有重要的参考意义。

本章余下内容安排如下：第二节为研究金融危机的相关文献综述；第三节主要阐述金融周期和美联储加息影响金融危机的理论机制；第四节为模型设定及样本、变量说明；第五节为金融周期、美联储加息与金融危机的实证分析；第六节为本章实证研究的稳健性检验；第七节为本章小结。

第二节　文献综述

关于金融危机发生的原因，学者们进行了大量的研究。在理论分析方面，马克思在其《资本论》中从生产、交换、消费到社会经济制度对经济危机的成因进行了系统分析，明确指出，危机的根源在于生产的社会性和生产成果的资本主义占有形式之间的矛盾。何秉孟（2010）认为，虽然历次金融危机具有不同的表现形式，但其本质都是相同的。生产社会化和生产资料私人占有的矛盾，以及各个企业内部生产的有计划同整个社会生产的无政府状态，社会生产可无限扩张的趋势同广大劳动者有支付能力的需求相对不足的矛盾是资本主义社会发生周期性经济危机的根本原因。2008 年国际金融危机是资本主义应对由资本主义基本矛盾导致的实体经济危机、人为推动虚拟经济的恶性膨胀以及加深了的国际金融垄断资本主义的寄生性等导致的，是国际金融垄断资本主义基本矛盾激化的必然结果。弗雷德·莫斯利等（2018）认为，马克思对经济危机理论的主要贡献在于提出了实体部门的利润理论和利润率下降趋势理论，并将其作为实体部门危机的主要原因。贾根良和何增平（2019）认为，马克思关于资本主义信用和虚拟资本的分析是 Minsky“金融不稳定性假说”的理论先驱，采用马克思—明斯基金融不稳定性理论能够解释金融开放为什么必然导致发展中国家金融危机频发并陷入金融困局的原因。

不少学者认为，经济周期理论是最传统的金融危机形成理论。Fisher（1933）认为，美国 1929~1933 年经济大萧条的主要原因是企业在经济繁荣时期积累了过多的债务，当经济进入衰退期后，还债风险上升导致通货紧缩从而诱发金融危机，并据此提出了“债务—通货紧缩”理论。Bordo（2008）认为，美国“次贷危机”是由经济周期的波动而引发的。在经济繁荣期，美国投资高涨、信贷过度扩张，形成巨额的不良贷款，而这些不良贷款又被不断打包上市，由于经济出现过热，美联储开始通过紧缩性货币政策进行调控，从而刺破房地产次贷泡沫并引发金融危机。Kindleberger 和 Aliber（2011）基于经济长周期理论阐释了金融危机的发展过程，认为投资者非理性或非均衡行为是系统性金融风险产生和积累的主要原因，金融系统的内在机制孕育了未来的金融危机。

也有学者认为，金融不稳定性是金融危机的重要原因。Minsky（1977）将凯恩斯宏观经济理论和预期理论运用到金融危机的研究中，并系统地阐述了资本主义金融内在脆弱性，发展成了“金融不稳定假说”。他认为，代际遗忘[①]以及竞争

① 代际遗忘即由于上一次金融危机已经过去很久，一些利好事件推动着金融业的繁荣，贷款人对当下利益的贪欲战胜了对过去危机的恐惧，认为当前的资产价格上涨的趋势将持续下去，于是重演了上次经济周期的故事。

压力[①]等是导致金融脆弱性的主因，银行等信用创造机构“借短贷长”的结构具有天然的脆弱性，这种脆弱性是银行部门经历周期性危机和破产浪潮的主要原因。此外，银行部门的这种周期性的危机和破产还会经过投融资渠道传递到实体经济的其他部门中，最终引发金融危机。

从行为金融学的视角出发，Shiller（2015）认为，金融市场具有无生产过程和财富即时兑现的特点，更容易激发人们对财富的贪婪，投资者对未来的盲目乐观会激发“羊群效应”，导致大量资本流入金融市场，导致“非理性繁荣”。Baker（2008）认为，2007年之前美国金融市场的“非理性繁荣”导致房地市场积累了巨大的价格泡沫，房地产价格泡沫的破裂是导致2007年美国次贷危机的直接原因；Reinhart和Rogoff（2009）指出，美国政府监管机构在2005年以前任由次级住房抵押贷款的投放和不断创新的金融衍生品的上市，引发房地产市场“非理性繁荣”，并导致金融产品杠杆不断上升、价格泡沫越积越大，最终引发金融危机；而Lagunoff和Schreft（1999）却认为，投资者的“理性繁荣”比“非理性繁荣”更容易引发金融危机，同时，由真实冲击引发的金融危机与健全的经济体中由理性繁荣所导致的金融危机是无法区分的。

此外，大量的学者从实证的角度出发研究了金融因素对金融危机的影响。比如，Kaminsky和Reinhart（1999）采用20个国家1970~1995年的数据，并基于信号分析法研究了这些国家发生银行危机和货币危机的原因，认为金融自由化之后大量资本流入这些国家，使这些国家出现信贷过度增长和货币普遍高估等现象并存，导致银行危机更容易在过度金融自由化之后发生。不仅如此，银行危机还会进一步传导发酵导致资本外流并引发货币危机，反过来，货币危机的爆发又不断加剧银行危机的严重程度从而形成恶性循环，最终导致系统性金融危机的爆发。Schularick和Taylor（2012）基于面板Logit模型研究了信贷增长率与货币增长率对金融危机（银行危机）的影响，系统整理了美国、德国、英国等14个发达国家1870~2008年的金融危机史，并研究了广义货币增长率以及信贷增长率与金融危机之间的关系。他们的研究发现，广义货币增长率以及信贷增长率与金融危机发

---

① 竞争压力即贷款人出于竞争的压力，为了赢得顾客和市场，而做出许多不谨慎的贷款抉择。

生概率呈现显著的正相关关系，以上结论说明，主权国家的货币超发和杠杆率过度膨胀是金融危机爆发的主要原因。Aikman 等（2015）基于美国、德国、英国、澳大利亚、加拿大等 14 个发达国家 1880~2008 年的金融危机数据和信贷周期数据，研究了信贷周期与金融危机的关系。他们的研究发现，一个国家在银行危机发生之前的金融市场中往往会出现一段时间的信贷过度膨胀现象，且银行危机常发生在信贷周期顶部区域及下降区域，表明金融市场上信贷的过度膨胀是银行危机爆发的诱因。马勇等（2009）基于 ML–Binary Probit 模型研究了金融监管和信贷扩张对金融危机的影响。他们的研究发现，信贷和资产价格在金融危机发生之前常表现出较强的顺周期性，而传统的基于单个金融机构的监管模式难以有效地防范和遏制金融危机的爆发。Drehmann 等（2012）研究了澳大利亚、德国、美国、瑞典、挪威、德国、日本 7 个发达国家的金融周期波动情况，并分析了金融周期与银行危机之间的关系。他们基于转折点分析法和滤波分析法研究了信贷、GDP、信贷 /GDP、住房价格、股票价格以及由信贷、信贷 /GDP、住房价格、股票价格四个指标构成的综合指数的周期性变化，发现信贷、信贷 /GDP 以及房价能够准确地反映一个国家金融市场的周期性波动状况。此外，他们的研究结论还表明，银行危机更容易发生在金融周期顶部区域。Borio（2014）指出，金融周期的平均周期长度为 16~20 年，属于中周期的范畴。其研究同样表明，银行危机在金融周期顶部区域具有更高的爆发概率，采用带通滤波技术可以准确地度量金融周期。陈雨露等（2016）基于全球 68 个经济体的数据研究了金融周期与金融危机之间的关系，将金融周期分为高涨期、衰退期和正常期，研究发现，金融周期高涨期和衰退期更容易发生金融危机，金融周期正常期更不容易发生金融危机，且金融波动程度越大的国家越容易爆发金融危机。

在关于美联储加息与金融危机之间关系的实证研究中，Eichengreen（1992）认为，美联储的货币紧缩政策是 20 世纪 30 年代“大萧条”的主要原因。Bordo 和 Haubrich（2010）基于美国 1875~2007 年的数据研究了紧缩性货币政策与金融危机和“股市崩盘”之间的关系，发现在美联储实施紧缩性货币政策期间爆发银行危机和“股市崩盘”的概率远高于其他时期，表明美联储的紧缩性货币政策是银行危机和“股市崩盘”的主要诱因。

Calvo 等（1996）认为，美联储的货币政策是拉丁美洲金融危机的主要诱因。美国在 20 世纪 90 年代初实施低利率政策，在此期间，亚洲和拉丁美洲等发展中国家为发展本国经济借入大量美元外债，导致大量美元资本流入这些发展中国家。1994 年，美联储开始实施加息等紧缩性货币政策，导致美元利率水平回升，大量美元资本回流美国，从而加剧了这些国家的金融风险。此外，Mishkin（1999）认为，在美联储于 1994 年实施紧缩性货币政策之后，美元利率水平的回升加剧了墨西哥外汇市场的压力，墨西哥政府为维持汇率稳定和防止资本外流，开始跟随美国实施紧缩性货币政策，提高了本国的利率水平。利率水平的提高不仅增加了墨西哥的内外债利息成本，也增加了企业的融资成本。企业融资意愿下降以及融资难度提升影响企业生产并导致企业资产负债表迅速衰退，从而引发债务“违约潮”。最终，频繁发生的“违约潮”发展成为席卷整个墨西哥地区的“墨西哥金融风暴”。Forbes 和 Warnock（2012）认为，由于美元是当今世界上最主要的储备和国际贸易结算货币，美元利率水平的变动时刻影响着世界整体利率水平。而世界利率水平的变动往往导致美元资本迅速“收缩”或者“骤停”，并引发资本流出国货币大幅贬值进而引发货币危机。Broner 等（2010）发现，发生金融危机的国家具有一些相同的特征，如在金融危机发生之前这些国家常常伴随着长期的国际资本流入，而危机前往往出现国际资本流入的减少甚至出现国际资本逆流的现象。

上述文献从理论到实践对金融危机的产生机制以及预警均进行了深刻的研究，但仍存在需要进一步补充研究的地方：首先，前文中关于金融因素对金融危机影响的研究多侧重于货币增发、信贷膨胀等因素对金融危机的影响，且多数文章仅研究了单一要素对金融危机的影响，没有从导致美元跨国流动的美联储加息（或者称为“美元周期”）视角进行研究，更没有从完整的金融周期视角来研究金融因素影响金融危机的理论机制。其次，虽然国际清算银行的经济学家研究了金融周期与金融危机之间的关系（Drehmann et al., 2012；Borio, 2014），但他们使用的样本仅包含澳大利亚、德国、美国、瑞典、挪威、德国、日本 7 个发达国家，未包括新兴市场国家与发展中国家，样本不具有全面性，且他们的研究更多的是对于现象的归纳总结，没有从实证的角度得到更具普遍意义的结论。此外，近年来新兴市场经济体金融危机事件频发，亟须新的理论来解释这些国家爆发金融危机的原因。因此，研究更多国家样本中金融周期与金融危机的关系具有紧迫性和理论意义。再次，陈雨露等（2016）虽然考察了金融周期与金融危机之间的关系，但没有探究美联储加息对金融危机的影响。最后，Eichengreen（1992）仅研究了美联储加息对美国本土金融危机发生概率的影响，并没有研究美联储加息对世界上其他国家的影响，也没有考虑本国金融周期对金融危机的影响。

第三节　理论机制分析

一、金融周期与金融危机

100余年之前，发达国家的信贷周期就受到了西方经济学家的广泛关注，李嘉图、凯恩斯、熊彼特等经济学家都在他们的论著中探讨过信贷周期问题（陈雨露等，2016）。但自MM定理诞生以来（Modigliani and Miller，1958），主流学者认为金融因素不会使实体经济出现较大的波动，导致早期关于金融因素对经济波动影响的研究得不到主流经济学家的重视。2008年国际金融危机爆发之后，英国女王在伦敦政治经济学院考察期间提出了著名的“伊丽莎白女王之问”，现场的经济学家无法对这一问题做出明确的解答，表明传统的经济理论无法准确地预测金融危机。此后，学术界开始反思这次全球性金融危机爆发的原因并重新审视了金融因素在宏观经济中所扮演的角色（范小云等，2017）。国际货币基金组织和国际清算银行的经济学家在金融经济周期理论的基础上建立了金融周期的理论体系，他们参考度量经济周期的方法，采用HP滤波或者带通滤波（Band Pass Filter）技术构建了金融周期指标，并基于金融周期理论解释了银行危机、货币危机以及债务危机等金融风险的积聚和爆发，取得了丰硕的研究成果（Claessens et al.，2011；Drehmann et al.，2012；Borio，2014）。

Borio（2014）认为，金融周期理论是研究价值与风险之间自我强化过程的理论，其直接理论来源为金融经济周期理论。周炎等（2016）在梳理了大量关于金融经济周期的经典文献之后认为，金融经济周期理论基于经济周期理论发展而来，主要通过在传统的经济周期理论框架中加入内生或者外生的信贷约束，研究在信贷约束情况下外生冲击如何在实体经济中不断传播和放大的机制。根据周炎等（2016）的上述观点，在金融经济周期的理论假设下，外生冲击主要通过金融加速器机制、银行中介机制和信贷约束机制在实体经济中传播和放大。

金融加速器机制以企业从金融机构获得贷款的角度来研究金融冲击对经济波动的影响，又称为“资产负债表路径”。Bernanke 等（1996）厘清了各种冲击影响实体经济的传导路径，并系统地阐释了金融加速器机制的作用过程。他们认为，信贷市场中的信息不对称和金融摩擦给银行向公司贷款带来了道德风险，在企业向银行部门申请贷款时，银行部门会根据借款企业的资产负债表情况来选确定给企业发放的贷款规模和价格水平（贷款利率）。因此，企业（借贷人）的资产净值与其外部融资成本负相关。在经济收缩时期，由于企业外部需求疲软，产品价格开始下跌，企业存货不断增加并影响其经营状况，企业开始减少生产甚至停工停产，直接导致企业产出水平和资产价值不断下降。企业资产价值缩水导致企业资产负债表出现衰退。由于银行部门会根据企业的资产负债表情况来确定给企业发放的贷款规模和价格水平，企业资产负债表的逐渐萎缩导致银行部门不断提升给企业发放贷款的利率水平，提高企业的融资成本。不仅如此，企业资产负债表的逐渐恶化还会增加企业债务违约的概率进而导致银行产生大量不良资产，影响银行效率并导致实体经济中投资和产出水平不断降低，增加发生系统性金融风险的概率（Goodfriend and McCallum，2007）。此外，由于价格水平的变化，负向冲击还可能引发“债务—通货紧缩”效应，从而金融因素对实体经济的影响将会被放大数倍。

此外，信贷约束机制也会导致外生冲击在传导过程中被不断放大。Bernanke 和 Gertler（1989）、Kiyotaki 和 Moore（1997）以及 Bernanke 等（1999）将信贷抵押约束引入分析经济周期的一般均衡模型框架中，并以此分析各类外生冲击对经济波动产生的影响。Gertler 和 Kiyotaki（2010）又将银行中介机制引入经济周期理论框架中，进一步完善了抵押信贷约束机制的理论基础。赵米芸等（2017）认为，信贷抵押约束机制主要刻画资产价值直接影响企业信贷能力的机制，而金融加速器则是描述企业资产价值间接影响其信贷能力的机制。根据信贷抵押约束机制的观点，由于信息不对称和金融摩擦在经济体系中普遍存在，银行不会盲目地给企业提供贷款，需要企业提供抵押资产。由于资产价格受金融市场上多重因素的影响，企业提供给银行的抵押资产价格容易受外部因素的影响而发生剧烈的波动，导致企业可得贷款规模容易受外部经济环境的影响。当经济处于繁荣期时，市场消费需求高涨并刺激企业投资不断增加，导致资产价格水平在不断增加的投资和市场需求两个因素的拉动下出现大幅上涨，资产价格高涨带动抵押品价值上升，进而企业能获得更大规模的信贷额度，刺激企业进行更大规模的投资。在此阶段，不断增加的投资和需求还会刺激政府部门进一步采取更加宽松的信贷政策，降低融资成本，扩大企业的可贷资金规模，从而形成生产、投资、需求、可贷资金规模和宏观杠杆率相互强化，并表现出螺旋式放大的综合机制。宽松的信贷政策导致宏观杠杆率大幅升高，增加了一个国家（地区）的金融风险，政府部门为化解金融风险不得不采取去杠杆政策，而去杠杆政策可能会导致信贷规模快速下降并拉低资产价格水平，资产价格下降导致抵押品价值下降，削弱了企业的贷款融资能力并减小企业的投资意愿。从而去杠杆等紧缩性政策导致生产、投资、需求、可贷资金规模和杠杆率水平相互强化并不断收缩（周炎等，2016）。

经过上述金融加速器以及信贷抵押约束机制的传导，经济冲击使实体经济以及金融因素受此影响并表现为围绕其长期趋势进行周期性的波动，从而形成经济周期和金融周期。根据以上关于金融周期的理论分析，当金融周期处于上升阶段时，政府部门为刺激经济会采取宽松的信贷政策，从而刺激银行和企业不断加杠杆并导致资产价格泡沫逐渐积累，企业加杠杆行为导致整个经济系统的杠杆率水平不断提升，从而使整个金融体系内的矛盾不断深化，金融周期逐步到达顶部区域。在金融周期顶部区域，过高的杠杆率预示着过高的金融风险，政府部门不得不制定信贷紧缩等去杠杆政策，人们开始对经济前景产生负面预期，一系列紧缩性去杠杆政策通过金融加速器机制、“债务—通货紧缩”效应传导并刺破资产价格泡沫，导致资产价格水平下跌，进而缩小企业抵押资产规模最终损害企业的融资能力。不仅如此，随着企业融资能力的下降，企业投资意愿开始下降并影响其产出水平，进而导致企业资产负债表出现萎缩，增加企业发生债务违约的概率。而企业债务违约又引发银行部门出现大量不良资产，增加各种宏微观金融风险发生的概率。

二、美联储加息与金融危机

1976年“牙买加体系”正式实施之后，美元垄断外汇储备的情形不复存在，德国马克和日元逐渐成为世界上主要的外汇储备货币，在一定程度上削弱了美元的国际地位。但由于美国在政治以及经济上的影响力，世界各国贸易往来仍以美元作为最基本的结算货币，且世界上多数国家仍以美元作为其最主要的外汇储备货币，因此，美联储的动向时刻影响着世界资本市场的运作，而美联储加息政策一直都是国际金融市场动荡的主要因素，牵动着世界上每一个国家的“神经”。虽然美联储加息政策有助于国际上的流动资金以及产业加速回流美国，增加美国的投资以及促进美国国内就业，但美联储加息也同时提升了美国企业的融资成本，进而削弱美国本土企业的投资意愿，影响其经济增长。截至2020年4月9日，美国国债总额已超24万亿美元，高于其2019年的GDP总额，美联储加息政策还会提升美国债务成本，进一步增加其债务水平并引发金融风险。不仅如此，美联储加息政策还会使大量国际资金回流美国导致美元走强，美元走强进一步削弱美国产品的国际竞争力，最终打击美国出口型企业的生产积极性（Eichengreen，1992），进一步增加美国贸易赤字规模。

美联储的加息政策不仅会影响美国自身的金融稳定，还会影响世界其他国家的金融稳定。由于经济全球化以及金融自由化的不断推进，现代全球金融体系已经成为一个相互关联、彼此依存的有机体，美元的利率水平深刻影响着其他国家相对美元的汇率水平。因此，美联储加息会导致其他国家汇率水平变化并刺激国际资本跨国快速流动，增加国际市场的金融风险，进而影响世界金融市场的均衡与稳定。根据国际经济学以及国际金融学等相关理论，美联储加息政策影响其他国家金融稳定的理论基础有“原罪”假说（Original Sin Hypothesis）、货币错配（Currency Mismatch）理论和期限错配（Maturity Mismatch）理论。“原罪”假说的定义由Eichengreen

和 Hausmann（2005）最先提出，他们认为当一个国家内部的金融市场无法满足其融资需求时，只能在海外金融市场获得以外币计价的资金的情况是导致这些国家金融不稳定的“原罪”。Eichengreen 等（2007）认为，由于国际资本市场“原罪”的存在，当一个国家内部资金不足以支撑其经济发展时，只能通过国际金融市场借到以外币计价的贷款。当外债到期需要还款时，偶然因素导致的本币贬值会增加其偿还外债的压力，外债偿还压力增加还可能引发其货币被抛售并进一步贬值，极端情况下可能引发借款国爆发货币危机或债务危机。“货币错配”是指在一个国家（地区）内部的资产和负债以及收入和支出以不同货币进行计价的情况下，该国家（地区）的资产净值会因其汇率水平的波动而波动（Goldstein and Turner，2004）。根据货币错配理论，当一个国家（地区）存在大量以外币计价的债务时，本币的贬值会引发该国资本加速外流，在极端情况下资本外流与本币贬值还会相互作用、相互加强，最终导致该国的外汇储备被耗尽并引发货币危机和债务危机。Chang 和 Velasco（2000）认为，由于国际金融市场存在信息不对称等问题，一个国家在为其长期项目融资贷款时只能在国际金融市场借到短期贷款，由于短期贷款和长期项目很难在时间上匹配，使得借款国的投资项目容易受到国际资本短期流动冲击的影响。并将这种现象称为“期限错配”。Diamond 和 Dybvig（1983）分析了一个国家内部银行业期限错配与银行挤兑危机之间的关系，认为期限错配是该国银行危机的原因之一。Calvo（1998）认为，国际利率水平的提高容易导致短期贷款占比高的国家（存在期限错配）发生国际资本流动“骤停”现象，这也是新兴市场国家发生金融危机的主要原因。Chang 和 Velasco（2000，2001）认为，银行挤兑和国外投资者恐慌程度与该国的外债期限错配程度呈正相关关系，外债期限错配程度越高的国家，其银行部门的流动性越弱，爆发债务危机的概率也越大；由于“原罪”假说和货币错配等原因，国际市场利率水平的变动可以通过利率、汇率等渠道影响新兴市场国家，并增加新兴市场国家金融风险（Bordo and Meissner，2006）。Converse（2018）基于小型开放经济模型研究发现，期限错配会提高新兴市场国家产出、投资和全要素生产率的波动程度。

二战以后，布雷顿森林体系确立了美元在国际金融市场上的霸权地位。

虽然“牙买加体系”实施了储备货币的多元化，导致美元垄断外汇储备的情形不复存在，在一定程度上削弱了美元的国际地位。但美元仍是仅次于黄金的“硬通货”，世界各国仍将美元作为最主要的外汇储备货币，因而对美元仍有很强的依赖性。因此，美联储加息等紧缩性货币政策会通过国际金融市场的传导直接或者间接地影响其他国家的经济运行和金融稳定。根据上述理论机制分析，美联储加息主要通过以下机制影响其他国家的金融稳定：首先，由于美元在国际金融体系中具有重要的地位，美元利率水平时刻影响着世界平均利率水平，当美联储实施加息政策后，世界平均利率水平也不断被推高，进而增加拥有巨额外债国家的利息成本，增加这些国家爆发债务危机的风险；其次，由于期限错配等原因，一个国家的长期项目只能在国际金融市场上获得短期贷款支持，美联储加息政策导致美元资本流入减少甚至出现资本逆流形成抽贷断贷现象，使期限错配严重国家的长期投资项目难以维持，进而导致其国内出现不稳定因素，增加爆发金融危机的概率；再次，若美联储加息政策持续时间较长，长期的国际资本逆流会改变国际金融市场的均衡状态，增加外债借入国的货币贬值压力，增加这些国家爆发货币危机和债务危机的概率；最后，美联储的加息政策还会使世界上其他国家采取被动的加息政策，进而引发世界范围的紧缩性货币政策，并导致世界平均利率水平不断升高，从而不断增加企业的融资成本，对全球经济的正常发展产生不利影响。由于美联储加息影响其他国家需要经过国际金融市场的传导，再加上各国政府出台相应政策干预美联储加息造成的影响，美联储加息难以在短期内导致其他国家爆发金融危机。因此，美联储加息对美国及其他国家爆发金融危机的影响具有一定的时滞性。

第四节　样本、变量与模型设定

一、样本来源与处理

本章在选取样本时主要考虑各国金融危机以及度量金融周期相关数据

的可得性，并尽可能包含更多的国家样本。本章所用的金融危机数据直接来自 Laeven 和 Valencia（2018）的研究，Laeven 和 Valencia 系统地研究了 165 个国家 1970~2017 年的金融危机史，并建立了金融危机数据库，该数据库是目前涵盖国家数量最多的金融危机数据库。然后将各国宏观经济数据和 Laeven 和 Valencia（2018）的金融危机数据库进行一一匹配。由于度量金融周期需综合使用各国的广义货币（M2）、私人部门信贷和 GDP 数据，为保证金融周期变量的跨国可比性，本章在样本筛选过程中确保了私人部门信贷、私人部门信贷 /GDP 以及 M2/GDP 三个变量的连续时间长度均超过一个最小的平均金融周期长度①。按照这一样本筛选原则，Laeven 和 Valencia（2018）的金融危机数据库中共有 154 个国家（地区）满足该条件，因此，本章以这 154 个国家（地区）作为研究对象②。2017 年，样本中 154 个国家（地区）的 GDP 总和占全世界 GDP 的 95.3%，表明本章研究样本具有代表性。

---

① 参考 Borio（2014）的研究，本章将最小的金融周期长度设定为 16 年。

② 该154个国家（地区）样本包括阿尔巴尼亚、阿尔及利亚、安哥拉、阿根廷、亚美尼亚、澳大利亚、奥地利、阿塞拜疆、孟加拉国、巴巴多斯、白俄罗斯、比利时、伯利兹、贝宁、不丹、玻利维亚、波斯尼亚和黑塞哥维那、博茨瓦纳、巴西、文莱、保加利亚、布基纳法索、布隆迪、柬埔寨、喀麦隆、加拿大、中非共和国、乍得、智利、中国、哥伦比亚、科摩罗、刚果民主共和国、刚果共和国、哥斯达黎加、科特迪瓦、克罗地亚、捷克共和国、丹麦、吉布提、多米尼克、多米尼加、厄瓜多尔、埃及、萨尔瓦多、赤道几内亚、厄立特里亚、爱沙尼亚、埃塞俄比亚、斐济、芬兰、法国、加蓬、冈比亚、格鲁吉亚、德国、迦纳、希腊、格林纳达、危地马拉、几内亚、几内亚比绍、圭亚那、海地、洪都拉斯、中国香港、匈牙利、冰岛、印度、印度尼西亚、伊朗、爱尔兰、以色列、意大利、牙买加、日本、约旦、哈萨克斯坦、肯尼亚、朝鲜、科威特、吉尔吉斯共和国、老挝、黎巴嫩、莱索托、利比里亚、利比亚、立陶宛、卢森堡、马其顿、马达加斯加、马拉维、马来西亚、马尔代夫、马里、毛里塔尼亚、毛里求斯、墨西哥、摩尔多瓦、蒙古、摩洛哥、莫桑比克、缅甸、纳米比亚、尼泊尔、荷兰、新西兰、尼加拉瓜、尼日尔、尼日利亚、挪威、巴基斯坦、巴拿马、巴布亚新几内亚、巴拉圭、秘鲁、菲律宾、波兰、葡萄牙、罗马尼亚、俄罗斯、卢旺达、圣多美和普林西比、塞内加尔、塞尔维亚共和国、塞舌尔、塞拉利昂、新加坡、斯洛伐克共和国、南非、西班牙、斯里兰卡、苏丹、苏里南、斯威士兰、瑞典、阿拉伯叙利亚共和国、瑞士、塔吉克斯坦、坦桑尼亚、泰国、多哥、特立尼达和多巴哥、突尼斯、土耳其、乌干达、乌克兰、英国、美国、乌拉圭、委内瑞拉、越南、也门和赞比亚。

二、相关变量定义

（一）被解释变量：金融危机

由于金融危机在不同国家以及同一国经济发展的不同阶段均有着不同的成因和表现方式，因而金融危机是一个不断演变、内涵丰富的概念，目前没有统一明确的定义。而根据国际货币基金组织的分类，金融危机可以分为货币危机、银行危机、债务危机和系统性金融危机。其中货币危机指一个国家非自愿的汇率变动；银行危机指银行过度从事高风险行业，从而导致其资产负债严重失衡，不能如期偿付债务；而债务危机则指一个国家向其他国家或者国际金融机构贷款额超出其自身清偿能力范围，最终无法如期偿还债务的现象；系统性金融危机指货币、银行和外债危机的同时或相继发生的现象。

上述关于金融危机的分类仅仅是对各类金融危机现象的描述，而未给出判断金融危机定量的标准。Laeven 和 Valencia（2018）将金融危机分为系统性银行危机、货币危机和主权债务危机，并给出了判断各类金融危机的定量标准。按照他们的定义，银行危机是指一个国家的银行系统普遍面临明显的财务困境①,并且该国政府部门对银行系统实施了明显的政策干预措施以避免爆发更大规模范围的银行财务困境；货币危机需要满足两个条件，一个是主权国家的货币相对美元的贬值幅度至少达到 30%，另一个是当年货币的贬值幅度比前一年的贬值幅度要至少高 10%；债务危机的定义则较为宽泛，只要一个国家发生主权债务违约或者主权债务延期偿付等情况，就被视为债务危机。而金融危机是指爆发货币危机、银行危机和债务危机中的任何一种或多种危机。

图 3-1 为 Laeven 和 Valencia（2018）的金融危机数据库中全球 165 个经济体 1970~2017 年发生的各类金融危机的分布情况。从图中可以看出，首先，1975 年之后随着全球金融自由化的发展，金融危机的发生频率有明显的加快趋势；其次，20 世纪 90 年代爆发金融危机的经济体数量呈爆发式增长，银行危机和货币危机是主要的危机形态；最后，从全局来看，货

① 包括银行体系出现挤兑，银行系统普遍发生重大亏损或清算。

币危机和银行危机是发生频次最高的金融危机，且这两种金融危机还具有多国（地区）同时爆发的特征，说明银行危机和货币危机具有较强的传染性。1970~2017年，研究样本所包含的154个国家（地区）共发生金融危机417次，其中发生货币危机238次、银行危机145次、债务危机75次[①]。参考现有经典的研究金融危机相关文献的做法，本书采用虚拟变量来表示一个国家是否爆发金融危机，并将连续金融危机样本的首年定义为1，其余定义为0（Schularick and Taylor，2012；Aikman et al.，2015）。

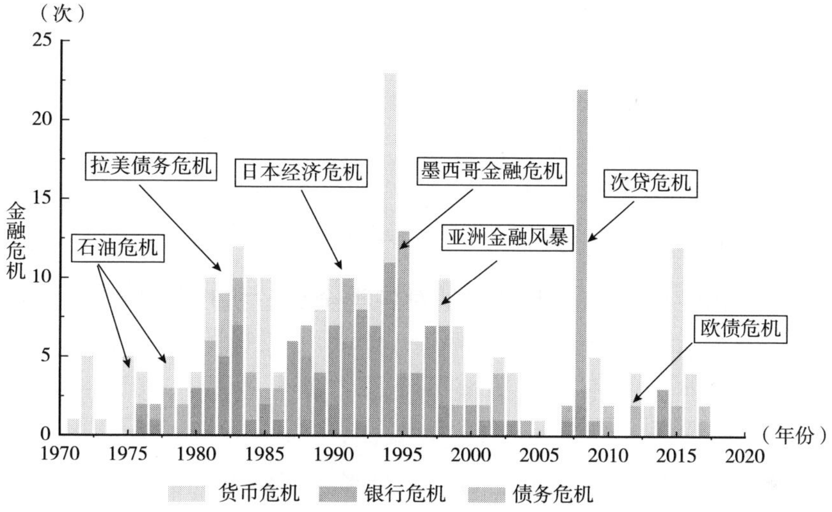

图3-1　1970~2017年全球165个经济体发生的各类金融危机分布情况

资料来源：Laeven和Valencia（2018）金融危机数据库。

（二）核心解释变量

本书主要研究金融周期以及美联储加息对各类金融危机的影响，因此，本书的核心解释变量包括金融周期和美联储加息阶段两个变量。

1．金融周期的度量

目前，关于金融周期如何度量尚无完全一致的标准，但多数文献均认为，信贷、房价、信贷/GDP、广义货币M2/GDP以及股价可以较好地表征金

① 有的国家同一年同时爆发多种金融危机，故三类金融危机的总和不等于金融危机的爆发次数。

融的周期性波动，是较为理想的度量金融周期的指标。Drehmann 等（2012）在研究了信贷、信贷 /GDP、房地产价格、股票价格以及房地产和股票价格的综合价格指数后认为，信贷和房价可以从市场资金供给和资产价格两个维度刻画来金融周期，相比股价等易受短期因素影响的指标来说可以更好地刻画金融周期。由于在本章的研究样本中只有 33 个国家拥有较为完整的房价数据，基于样本容量的考虑，本书在度量金融周期时未包含各国的房价因素。Goodhart 和 Hofmann（2008）基于 17 个国家 1970~2006 年的数据研究发现，各国 M2 和房价之间具有显著的相互影响关系，具有较强的同步性，因此，本书采用 M2/GDP 来替代房地产价格在金融周期中所起的作用。最后，参考 Drehmann 等（2012）和陈雨露等（2016）的研究，本书在度量金融周期时采用私人部门信贷、私人部门信贷 /GDP 以及 M2/GDP 三个变量，并通过滤波分析法和主成分分析法合成金融周期。度量金融周期所用的各国私人部门信贷以及 GDP 数据均来自世界银行世界发展指数（World Development Indicators，WDI）数据库，各国 M2 数据来自 WDI 数据库和 EPS（Economy Prediction System）数据平台。同时，为尽可能多地增加研究样本，本书对各国部分年份的缺失数据采用线性插值法进行了相应的插值处理。

本章关于金融周期不同阶段的定义参考陈雨露等（2016）的相关研究，以一个国家（地区）所有年份金融周期的标准差作为划分不同阶段的分界线，并将金融周期划分为顶部区域（大于一个正的金融周期标准差的部分）、下降期（从金融周期顶部到金融周期底部的过渡区域）、底部区域（小于一个负的金融周期标准差的部分）和上升期（从金融周期底部到金融周期顶部的部分），具体见图 3-2。

金融周期的合成过程如下：首先，考虑到金融周期的跨国可比性以及为避免异常波动带来的影响，本书将私人部门信贷、私人部门信贷 /GDP 和 M2/GDP 采用式（3-1）的方法进行 Z-score 标准化处理。

$$z_i = \frac{x_i - \bar{x}}{\sigma_x} \tag{3-1}$$

其中，$\bar{x} = \frac{1}{n}\sum_{i=1}^{n} x_i$，$\sigma_x = \sqrt{\frac{1}{n-1}\sum_{i=1}^{n}(x_i - \bar{x})^2}$，$z_i$ 为 x_i 标准化后的值。

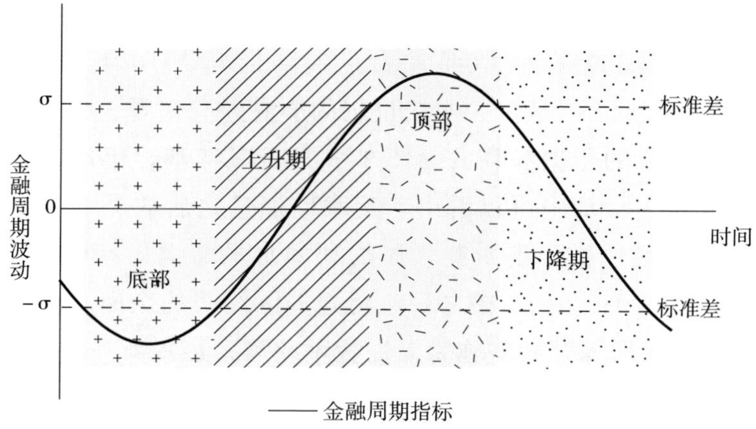

图 3-2　金融周期不同阶段及其定义

资料来源：笔者绘制。

其次，将以上三个变量标准化后的新变量按照 Christiano 和 Fitzgerald（2003）的方法进行带通滤波（CF 滤波），从而得到三个新变量的周期项，参考 Drehmann 等（2012）的研究，本书将滤波窗口设定为最小值 8 年和最大值 30 年[①]。再次，采用主成分分析法将三个新变量的周期项合成为金融周期波动项。最后，参考陈雨露等（2016）的做法，采用如下方法来区分金融周期的各个区域：

$$peak_{i,t}=1\ ,\quad \text{if}\quad fcycle_{i,t}\geqslant\sigma_i \tag{3-2}$$

$$trough_{i,t}=1\ ,\quad \text{if}\quad fcycle_{i,t}\leqslant-\sigma_i \tag{3-3}$$

其中，$peak_{i,t}$ 表示第 t 年 i 国的金融周期正处于顶部区域，$trough_{i,t}$ 表示第 t 年 i 国的金融周期正处于底部区域，$fcycle_{i,t}$ 为上述采用主成分分析法合成的金融周期波动项，σ_i 表示 i 国 $fcycle_{i,t}$ 波动的标准差。因此，本书将金融周期底部区域到顶部区域的过渡阶段定义为金融周期上升期，将金融周期顶部区域到底部区域的过渡阶段定义为金融周期下降期。

2. 美联储加息阶段定义

2007 年底美国爆发次贷危机，为缓解房地产泡沫破裂对经济的影响，

① Drehmann 等（2012）认为金融周期为周期长度在 8~30 年的中周期。

美联储迅速实施了量化宽松（Quantitative Easing，QE）政策，导致美元名义利率水平从2007年的5.0%左右迅速降低到2010年的0.15%左右，进入实际负利率区间[①]。从过去半个世纪的历史经验来看，美元利息波动往往伴随着金融风险的积聚和释放。图3-3为美联邦基金年均利率水平与各类金融危机分布图，从中可以看出，美联储加息之后的2~3年全球往往会发生大规模的金融危机，表明美联储的利率水平与世界其他国家（地区）的金融稳定息息相关。2015年之后，随着美国经济的全面复苏以及世界经济的逐渐回暖，美联储开始实施紧缩性货币政策，进入新一轮的加息阶段。

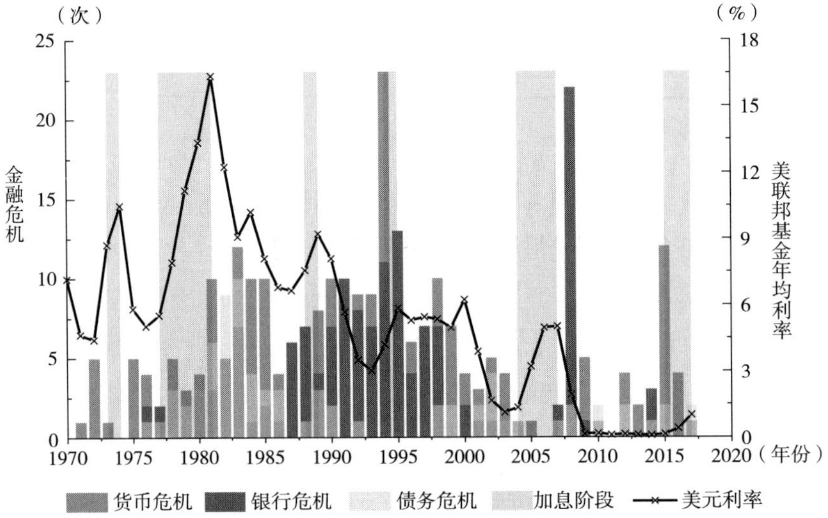

图3-3　美联邦基金年均利率与各类金融危机分布

资料来源：Laeven 和 Valencia（2018）金融危机数据库、美联储官方网站。

本章关于美联储加息阶段的定义参考 Iacoviello 和 Navarro（2018）的研究，对美联储加息阶段的定义步骤如下：首先，采用HP滤波（Hodrick and Prescott，1997）法将美联邦基金年均利率进行HP滤波；其次，保留美联邦基金年均利率的趋势项[②]，并将此趋势项作为判断美联储加息阶段的

① 扣除通胀的影响后实际利率水平为负。

② 由于美联邦基金利率数据是年度数据，参考Hodrick和Prescott（1997）的方法，本书将HP滤波的平滑参数设定为：λ=100。

指标。最后按照如下方法来识别第 t 年是否处于美联储加息阶段：

$$inthike_t = 1, \quad \text{if} \quad int_{t-1} < int_t \tag{3-4}$$

其中，$inthike_t = 1$ 表示第 t 年处于美联储加息期间，int_t 为基于 HP 滤波得到的美联邦基金年均利率趋势项。本章采用的美联邦基金利率数据为年度数据，均来自于美联储官方网站。

（三）其他控制变量

本章的实证研究在选取控制变量时主要参考国内外关于金融危机实证研究的经典文献（Kaminsky and Reinhart，1999；马勇等，2009；梅冬州和崔小勇，2017；王道平等，2017；纪洋等，2018），选取的控制变量不仅包含贸易因素、资产因素、债务因素等相关变量，还包含制度因素变量。总的来说，本章选取的控制变量包括贸易差额占比、外汇储备占比、外债增长率、资本项目开放度、存款保险制度和汇率制度。其中，计算贸易差额占比用到的进出口数据来自世界银行 WDI 数据库；外债数据为 EWN 数据库①（Milesi-Ferretti and Lane，2017）中的外债数据与 Reinhart 和 Rogoff（2011）的外债数据进行合并后的数据；资本项目开放度相关数据来自 Chinn 和 Ito（2006）的研究成果 Chinn-Ito Index（KAOPEN）②；存款保险制度采用虚拟变量进行定义，将采取存款保险制度的样本定义为 1，没有采取存款保险制度的样本定义为 0，相关数据来自 Demirgüç-Kunt 等（2015）的研究成果；汇率制度同样采用虚拟变量进行定义，各国的汇率制度数据来自国际货币基金组织历年的发布《汇率安排与汇兑限制年报》，将自由浮动和在较大区间内浮动汇率定义为浮动汇率③，其余均为固定汇率。为了控制变量极端值对模型结果造成的影响，本章参考现有文献的做法，对所有非虚拟变量型的解释变量在其首尾两端均进行了 2.5% 的缩尾处理。各变量的类型、中文名称、英文名称和变量定义说明如表 3-1 所示。此外，表 3-2 为各变量的描述性统

---

① 资料来源：http ://www.imf.org/%7E/media/Files/Publications/WP/2017/datasets/wp115.ashx。

② 当前，该数据已更新至 2017 年，资料来源：http://web.pdx.edu/~ito/Chin-Ito_website.htm。

③ 采用这种方法定义汇率制度可以最大限度地保持各国名义汇率制度的前后一致性。

计，表 3–3 为各变量的相关系数。此外，本章对所有非虚拟变量型的解释变量均进行了面板单位根检验，检验结果表明各变量均不存在单位根问题，从而消除了“伪回归”对模型结果造成的影响。

表 3–1 变量名称及其定义说明

类型	变量名称	变量英文名称	变量定义及其说明
因变量	货币危机	currency_crisis	将一个国家发生货币危机的第一年定义为 1，其余定义为 0
	债务危机	debt_crisis	将一个国家发生债务危机的第一年定义为 1，其余定义为 0
	银行危机	bank_crisis	将一个国家发生银行危机的第一年定义为 1，其余定义为 0
	金融危机	crisis	将一个国家发生以上任何一种危机定义为 1，其余定义为 0
核心解释变量	金融周期顶部期	peak	采用 CF 滤波及主成分分析法得到的金融周期指标，将金融周期大于一个正的金融周期标准差的时间定义为 1，其余定义为 0，参考式（3–2）
	金融周期下降期	down	将金融周期顶部期到金融周期底部期期间定义为 1，其余定义为 0
	金融周期上升期	up	将金融周期底部期到金融周期顶部期期间定义为 1，其余定义为 0
	金融周期底部期	trough	将金融周期小于一个负的金融周期标准差的时间定义为 1，其余定义为 0，参考式（3–3）
	美联储加息	inthike	将美联储实施加息政策期间定义为 1，其余定义为 0，参考式（3–4）
控制变量	金融波动	fluctuate	金融周期（$fcycle_{i,t}$）的 5 年移动标准差
	贸易差额占比	trade_diff	（货物出口 — 货物进口）/GDP
	外债增长率	debt_growth	外债存量增长率
	外汇储备占比	foreign_reserve	外汇储备余额 / 广义货币 M2
	资本项目开放度	kaopen	数值越大开放度越高
	汇率制度	exchange	将采用浮动汇率制度的国家定义为 1，其余定义为 0
	存款保险制度	insurance	将实行显性存款保险制度的国家定义为 1，其余定义为 0

从表 3–2 可以看出，在本章研究的 154 个国家（地区）样本中，银行危机、债务危机、货币危机和金融危机爆发的频率分别为 2.0%、1.0%、3.2% 和 5.6%，表明货币危机的发生频率远高于其他类型金融危机；而在本书样本所涵盖的期间内，金融周期顶部区域的平均占比约为 17.2%，金融周期下降期的平均占比约为 22.1%，16.7% 的时期处于金融周期底部，另

外 44.1% 的时期处于金融周期上升期。此外，约 45.8% 的时期处于美联储加息阶段。从金融周期的波长以及波幅来看，采用“峰峰”划分法和“谷谷”划分法共识别出了 107 个国家（地区）的金融周期长度，且这些国家（地区）金融周期的平均波长约为 19.6 年，符合 Borio（2014）关于金融周期长度的说明。金融周期的平均波幅约为 4.879，为其最大值的 49.8%，说明各国金融周期的波幅具有较大的差异。

表 3-2 各变量的描述性统计

变量	变量英文名	样本数	均值	标准差	最小值	中位数	最大值
银行危机	bank_crisis	7440	0.020	0.138	0	0	1
债务危机	debt_crisis	7440	0.010	0.100	0	0	1
货币危机	currency_crisis	7440	0.032	0.176	0	0	1
金融危机	crisis	7440	0.056	0.230	0	0	1
金融周期顶部期	peak	5906	0.172	0.377	0	0	1
金融周期下降期	down	5906	0.221	0.415	0	0	1
金融周期底部期	trough	5906	0.167	0.373	0	0	1
金融周期上升期	up	5906	0.441	0.497	0	0	1
金融周期波长	lambda	107	19.604	5.320	8	19	34.500
金融周期波幅	amplitude	154	4.879	2.013	1.018	4.793	9.797
金融波动	fluctuate	5684	0.488	0.400	0.001	0.374	2.530
美联储加息	inthike	7440	0.458	0.498	0	0	1
贸易差额占比	trade_diff	5141	−0.076	0.152	−0.482	−0.055	0.270
外债增长率	debt_growth	5288	0.028	0.175	−0.357	0.018	0.502
外汇储备占比	foreign_reserve	5291	0.313	0.284	0.009	0.235	1.250
资本项目开放度	kaopen	6119	0.439	0.356	0	0.347	1
汇率制度	exchange	7440	0.209	0.407	0	0	1
存款保险制度	insurance	7440	0.304	0.460	0	0	1

表 3-3 为所有变量的相关系数，从中可以看出金融周期顶部区域和三种金融危机均呈现显著的正相关关系，从而初步印证了本章理论分析部分得出的结论。

表 3–3　各变量的相关系数表

变量	（1）	（2）	（3）	（4）	（5）	（6）	（7）	（8）
银行危机（1）	1							
货币危机（2）	0.079***	1						
债务危机（3）	0.083***	0.127***	1					
金融危机（4）	0.579***	0.746***	0.414***	1				
金融周期上升期（5）	−0.051***	−0.050***	−0.039***	−0.070***	1			
金融周期顶部期（6）	0.076***	0.027**	0.049***	0.075***	−0.404***	1		
金融周期底部期（7）	−0.019	−0.015	−0.011	−0.025*	−0.397***	−0.204***	1	
金融周期下降期（8）	0.009	0.049***	0.012	0.037***	−0.473***	−0.242***	−0.238***	1
美联储加息（9）	−0.030***	0.004	−0.012	−0.011	0.068***	−0.057***	−0.015	−0.017
金融波动（10）	0.057***	0.060***	0.026*	0.072***	−0.375***	0.333***	0.236***	−0.070***
贸易差额占比（11）	0.024*	0.042***	−0.003	0.046***	0.031**	−0.047***	0.052***	−0.042***
外债增长率（12）	0.034**	0.205***	0.074***	0.168***	0.020	0.083***	−0.054***	−0.052***
外汇储备占比（13）	−0.054***	−0.034**	−0.048***	−0.064***	0.011	−0.070***	0.043***	0.012
资本开放度（14）	−0.012	−0.112***	−0.048***	−0.103***	−0.051***	0.005	−0.008	0.064***
汇率制度（15）	0.059***	0.036***	0.001	0.054***	−0.061***	0.029**	0	0.047***
存款保险制度（16）	0.023**	−0.031***	−0.020*	−0.021*	−0.091***	0.037***	−0.024*	0.097***

变量	（9）	（10）	（11）	（12）	（13）	（14）	（15）	（16）
银行危机（1）								
货币危机（2）								
债务危机（3）								
金融危机（4）								
金融周期上升期（5）								
金融周期顶部期（6）								
金融周期下降期（7）								
金融周期底部期（8）								
美联储加息（9）	1							
金融波动（10）	−0.052***	1						
贸易差额占比（11）	0.033**	0.057***	1					
外债增长率（12）	−0.035**	−0.037**	−0.049***	1				
外汇储备占比（13）	−0.038***	0.059***	−0.054***	−0.080***	1			
资本开放度（14）	−0.033***	−0.029**	0.008	0.012	−0.068***	1		
汇率制度（15）	−0.057***	0.036***	0.095***	0.023*	−0.110***	0.261***	1	
存款保险制度（16）	−0.061***	0.078***	0.141***	−0.027**	−0.115***	0.358***	0.261***	1

三、模型设定

参考 Schularick 和 Taylor（2012）的研究，本书主要以面板 Logit 模型进行实证研究。完整的面板离散选择模型可以采用如下公式进行设定：

$$y_{i,t}^* = \beta_1 \boldsymbol{cycle}_{i,t} + \beta_2 inthike_{i,t} + \gamma \boldsymbol{X}_{i,t} + \mu_i + v_{i,t}$$
$$y_{i,t} = 1, \quad \text{if} \quad y_{i,t}^* > 0 \qquad (3-5)$$
$$y_{i,t} = 0, \quad \text{if} \quad y_{i,t}^* \leqslant 0$$

其中，$y_{i,t}^*$ 表示潜在变量，当 $y_{i,t}^* > 0$ 时，$y_{i,t} = 1$，当 $y_{i,t}^* \leqslant 0$ 时，$y_{i,t} = 0$；$y_{i,t}$ 表示各类金融危机是否发生的虚拟变量；$\boldsymbol{cycle}_{i,t}$ 表示金融周期不同阶段的虚拟变量；$inthike_{i,t}$ 表示美联储加息阶段的虚拟变量；$\boldsymbol{X}_{i,t}$ 为金融波动、贸易差额占比等控制变量，$v_{i,t}$ 表示随机误差项，μ_i 表示每个国家不可观测的异质性（即截距项）。和普通的面板模型一样，可以根据每个国家不可观测的异质性 μ_i 与该国家的其他解释变量是否相关将上述模型分为随机效应模型和固定效应模型。其中，随机效应假设不存在个体异质性，即 $\mu_i + v_{i,t} = \varepsilon_{i,t}$，而固定效应模型则假设个体异质性 μ_i 与其他解释变量相关，即 $v_{i,t} = \varepsilon_{i,t}, \mu_i = 0$。通常情况下，离散选择模型的估计需要用到极大似然估计（Maximum Likelihood Estimation，MLE）方法。对于面板 Logit 模型，$P(\cdot)$ 的形式为：

$$\hat{P}\left(y_{i,t} = 1 \mid x_{i,t}\right) = \frac{\exp\left(\beta_1 \boldsymbol{cycle}_{i,t} + \beta_2 inthike_{i,t} + \gamma \mathbf{X}_{i,t}\right)}{1 + \exp\left(\beta_1 \boldsymbol{cycle}_{i,t} + \beta_2 inthike_{i,t} + \gamma \mathbf{X}_{i,t}\right)} \qquad (3-6)$$

其中，$\boldsymbol{X}_{i,t}$ 为 Logit 模型所有的控制变量。因此，面板 Logit 回归模型可表示为：

$$\text{logit}\left(p_{i,t}\right) = \ln\left(\frac{p_{i,t}}{1 - p_{i,t}}\right) = \beta_1 \boldsymbol{cycle}_{i,t} + \beta_2 inthike_{i,t} + \gamma \boldsymbol{X}_{i,t} + \mu_i + v_{i,t} \qquad (3-7)$$

对于上述 Logit 模型，各变量的平均边际效应采用下式计算：

$$\frac{\partial \text{Prob}\left(y = 1 \mid \overline{X}\right)}{\partial X} = \Lambda\left(\overline{X}'\beta\right)\left[1 - \Lambda\left(\overline{X}'\beta\right)\right]\beta \qquad (3-8)$$

其中，$\Lambda(\cdot)$ 为 Logistic 累积分布函数。

面板 Logit 模型属于离散选择模型，它与非二值离散选择面板数据模型相同，也需要在建模时考虑固定效应和随机效应的选择。对于非二值离散选择面板数据模型来说，一般可以采用 Hausman 检验来判断固定效应模型和随机效应模型的优劣。然而，对于离散选择模型来说，固定效应模型或许不是最优的选择。原因在于：首先，对于大 N 小 T 的样本，固定效应模型会损失大量的自由度，自由度的损失会直接影响模型的估计效果，而本书的样本包含的国家（地区）数量多达 154 个，而各国的时间序列数据多在 20 年左右，符合大 N 小 T 的样本特征。其次，对于本章所采用的面板二值离散选择模型来说，被解释变量均采用虚拟变量进行定义，采用固定效应模型可能会因“完美预测”问题导致本书样本期间从未发生过金融危机的截面样本被直接删除，从而损失大量的研究样本。据统计，在本书的 154 个国家（地区）样本中，有 40 个国家（地区）1970~2017 年从未发生过银行危机，有 38 个国家（地区）在此期间从未发生过货币危机，另有 94 个国家（地区）在此期间从未发生过债务危机[①]，采用固定效应模型会导致这些样本被删除，从而降低本书的代表性。不仅如此，由于从未发生金融危机的样本被删除，还可能会造成模型估计结果发生系统性的高估。最后，采用固定效应模型还会限制本书模型样本外预测的能力。基于以上考虑并参考 Schularick 和 Taylor（2012）、王道平等（2017）以及纪洋等（2018）的研究，本书的实证分析以随机效应模型为主。

第五节　金融周期、美联储加息与金融危机的实证分析

在前文的理论机制分析以及实证模型设定的基础上，本节从实证角度考察金融周期、美联储加息对各类金融危机的影响，并对前文的理论机制分析进行验证。

---

① 从未发生过银行危机、货币危机和债务危机的国家分别占研究样本总数的 25.0%、24.4% 和 61.0%。

一、基准模型回归结果及分析

关于美联储加息对世界上其他国家的影响，Iacoviello 和 Navarro（2018）发现，世界多数国家的 GDP 增速在美联储开始实施紧缩性货币政策之后的 2~3 年内会出现明显的下降，说明美联储的紧缩性货币政策对其他国家的经济运行的影响需要 2~3 年的时间才能显现出来。因此，本章参照 Iacoviello 和 Navarro（2018）的研究结论，将滞后一到三期美联储加息指标全部放入模型进行回归分析，发现滞后一期的美联储加息指标对所有类型的金融危机均无显著的影响，而滞后两期和三期的美联储加息指标与多种类型的金融危机均有不同程度的显著影响。因此，本章后续实证研究模型中均加入了滞后两期和三期的美联储加息指标①。

为初步验证金融周期和美联储加息对各种类型金融危机的影响，本书首先构建了仅包含金融周期不同阶段和滞后两至三期的美联储加息指标的基准模型，基准模型的回归结果见表 3-4。从表 3-4 中的模型（1）至模型（4）可以看出，金融周期上升期指标均为负值且不显著，说明金融周期上升期不是各类金融危机的高发期。金融周期顶部期指标在银行危机和债务危机的模型中分别在 1% 和 5% 水平上显著为正，说明在金融周期顶部期更容易爆发银行危机和债务危机。在货币危机模型中，金融周期下降期指标在 5% 水平上显著为正，说明在金融周期下降期更容易发生货币危机。综合以上结论，说明金融危机发生在金融周期顶部期和下降期的概率更大，而金融周期上升期与金融危机爆发概率无显著相关关系。根据 Kaminsky 和 Reinhart（1999）的观点，货币危机在多数情况下是银行危机发展到一定程度后的结果，因此，货币危机常发生在银行危机之后。由于银行危机与金融周期顶部发生的概率更高，间接导致货币危机与金融周期下降期呈现显著的正相关关系。此外，在银行危机和债务危机模型中，滞后两期的美联储加息指标分别在 10% 和 1% 水平上显著为正，而滞后三期的美联储加息指标在银行危机、债务危机、货币危机和金融危机模型中均显著为正，表明美联储开始实施加息政策之后的 2~3 年内是各类金融危机

① 美联储加息阶段滞后两期和滞后三期的相关系数约为 0.36，说明同时加入两个变量不会导致严重的共线性问题。

爆发的高峰期。从金融周期和美联储加息对金融危机爆发概率的边际影响来看，根据式（3–8）可以算出：在金融周期顶部期，爆发银行危机的概率增加了 2.3 个百分点，爆发债务危机的概率增加了 1.0 个百分点；在金融周期下降期，爆发货币危机的概率增加了 1.8 个百分点；而在美联储开始实施加息政策的 2~3 年之后，爆发各类金融危机的概率增加了 0.6~1.7 个百分点。虽然金融周期和美联储加息对于金融危机爆发概率的边际影响较小，但相对于各类金融危机 1.0%~5.6% 的发生概率来说，金融周期和美联储加息对金融危机的影响是重大的。此外，图 3–4 展示了基准模型的 ROC 曲线，从图中可以看出，模型（1）到模型（4）的 ROC 曲线均位于机遇线[①]上方，AUC 值均大于 0.6，说明本书采用的金融周期指标和美联储加息指标对各类金融危机具有较好的预测能力。

表 3–4　金融周期、美联储加息与各类金融危机之间的关系（基准模型）

解释变量	模型（1）	模型（2）	模型（3）	模型（4）
	银行危机	债务危机	货币危机	金融危机
金融周期上升期	–0.168	–0.324	–0.247	–0.195
	（0.284）	（0.406）	（0.220）	（0.188）
金融周期顶部期	0.994***	0.899**	0.387	0.694***
	（0.296）	（0.427）	（0.241）	（0.200）
金融周期下降期	0.461	0.515	0.545**	0.492**
	（0.307）	（0.393）	（0.232）	（0.196）
L2. 美联储加息	0.300*	0.968***	–0.187	0.104
	（0.174）	（0.281）	（0.155）	（0.108）
L3. 美联储加息	0.755***	0.462*	0.298**	0.481***
	（0.178）	（0.253）	（0.148）	（0.106）
常数项	–4.562***	–5.568***	–3.622***	–3.221***
	（0.396）	（0.458）	（0.225）	（0.192）
样本数	5651	5651	5651	5651
国家（地区）数	154	154	154	154
伪 R^2	0.104	0.140	0.036	0.054
Wald χ^2	39.20	25.61	34.93	57.01
AUC	0.654	0.697	0.605	0.616

注：括号内为聚类稳健标准差；*、**、*** 分别代表参数在 10%、5%、1% 水平上显著；各变量系数均为原始值；伪 R^2 为 McKelvey & Zavoina's R^2；AUC 为判断模型预测效果的统计量。以下各表同。

① 机遇线即 ROC 曲线的对角线，对角线代表模型的辨别力等于 0。

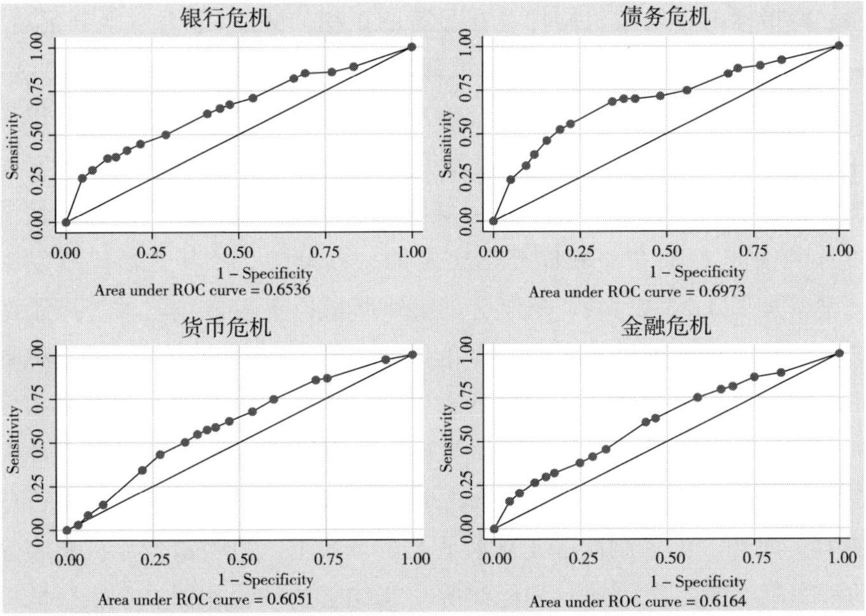

图 3-4　金融周期、美联储加息与金融危机的 ROC 曲线（基准模型）

二、拓展模型回归结果及分析

上述基准模型表明，金融周期和美联储加息对各类金融危机均具有较强的解释预警能力，但金融危机不仅会受到金融周期和美联储加息的影响，还会受到债务以及外汇储备等多种因素的影响。参考 Corsetti 等（1999）、Demirgüç-Kunt 和 Detragiache（2002）以及纪洋等（2018）的相关研究，本书在上述基准模型中加入了外债增长率、金融波动、外汇储备占比、贸易差额占比、资本项目开放度、存款保险制度以及汇率制度等变量作为控制变量。由于在本章的基准模型中金融周期上升期指标对各类金融危机均无显著影响，本书在拓展模型中去除了金融周期上升期指标。同时，参考现有文献的做法以及控制潜在内生性问题对本书实证结果的影响，本章在实证模型中加入了滞后一期的外债增长率、贸易差额占比、资本项目开放度和外汇储备占比等变量，模型回归结果见表 3-5。综合对比分析表 3-4 中的模型（1）和表 3-5 中的模型（5）可知，加入外债增长率、金融波动等控制变量之后，金融周期顶部期和下降期对银行危机均有显著的正向影响，显著性水平分别达到 1% 和 5%，美联储加息滞后两期和三期指标与银行危机同样存在显著的正相关关系，显著水平分别达到5%和1%。以上结论说明，在金融周期顶部期和下降期以及美联储加息2~3年后，银行危机发生的概率显著增加。从金融周期和美联储加息对银行危机爆发概率的边际影响来看，根据式（3-8）可以算出：在金融周期顶部期，爆发银行危机的概率增加了3.07个百分点；在金融周期下降期，爆发银行危机的概率增加了1.53个百分点；而在美联储开始实施加息政策的2~3年之后，爆发银行危机的概率增加了1.26~2.14个百分点。从外债增长率、金融波动等控制变量的回归结果来看，和陈雨露等（2016）的结论一致，金融波动对银行危机具有显著的正向影响，表明金融波动越剧烈发生银行危机的概率越大；贸易差额占比在1%水平上显著为正，说明贸易失衡是导致银行危机的重要因素；外汇储备占比在5%水平上显著为负，说明外汇储备丰裕度越高的国家发生银行危机的概率越小；此外，汇率制度在1%水平上显著为正，说明银行危机更容易在采用浮动汇率制度的国家爆发；和纪洋等（2018）的结论相似，在银行危机模型中存款保险制度的系数为正，可能的原因为显性的存款保险制度确定了保险的边界，减轻了政府对银行系统的兜底行为，从而不能减小银行退出的概率。从图3-5可以看出，银行危机的ROC曲线位于机遇线上方，且AUC值为0.753，大于基准模型中的0.654，说明加入控制变量之后显著提升了模型预警的准确性。

表3-5 金融周期、美联储加息与各类金融危机之间的关系（扩展模型）

解释变量	模型（5）	模型（6）	模型（7）	模型（8）
	银行危机	债务危机	货币危机	金融危机
金融周期顶部期	1.273***	0.971***	0.252	0.750***
	（0.284）	（0.354）	（0.210）	（0.172）
金融周期下降期	0.635**	0.792**	0.601***	0.588***
	（0.271）	（0.337）	（0.189）	（0.151）
金融波动	0.496**	0.534	0.838***	0.624***
	（0.195）	（0.371）	（0.208）	（0.165）
L2. 美联储加息	0.522**	1.005***	–0.174	0.200
	（0.218）	（0.330）	（0.186）	（0.125）
L3. 美联储加息	0.886***	0.244	0.367**	0.586***
	（0.233）	（0.313）	（0.169）	（0.124）

续表

解释变量	模型（5）银行危机	模型（6）债务危机	模型（7）货币危机	模型（8）金融危机
L. 贸易差额占比	2.102***	−0.678	0.522	1.287***
	（0.664）	（1.362）	（0.634）	（0.432）
L. 外债增长率	0.701	2.667***	0.342	0.862**
	（0.533）	（0.837）	（0.550）	（0.377）
L. 外汇储备占比	−1.058**	−3.021***	−2.248***	−1.946***
	（0.429）	（0.897）	（0.516）	（0.371）
L. 资本项目开放度	−0.327	−0.861	−2.049***	−1.256***
	（0.261）	（0.530）	（0.378）	（0.235）
汇率制度	0.725***	−0.167	0.639***	0.594***
	（0.231）	（0.464）	（0.233）	（0.167）
存款保险制度	0.099	−0.439	−0.325	−0.275
	（0.197）	（0.398）	（0.234）	（0.189）
常数项	−4.994***	−4.866***	−2.842***	−2.719***
	（0.342）	（0.571）	（0.284）	（0.240）
样本数	3588	3588	3588	3588
国家（地区）数	113	113	113	113
伪 R^2	0.250	0.346	0.257	0.228
Wald χ^2	118.8	88.53	141	227
AUC	0.753	0.815	0.764	0.750

注：括号内为聚类稳健标准差；*、**、*** 分别代表参数在 10%、5%、1% 水平上显著；各变量系数均为原始值；伪 R^2 为 McKelvey & Zavoina's R^2；AUC 为判断模型预测效果的统计量。

合对比分析表 3-4 中的模型（2）和表 3-5 中的模型（6）的结果可知，加入外债增长率、金融波动等控制变量之后，金融周期顶部期和下降期对债务危机均有显著的正向影响，显著水平分别达到 1% 和 5%，美联储加息滞后两期指标与债务危机存在显著的正相关关系，显著性水平达到 1%。以上结论说明，在金融周期顶部期和下降期以及美联储实施加息政策 2 年后，债务危机发生的概率显著增加。从金融周期和美联储加息对债务危机爆发概率的边际影响来看，根据式（3-8）可以算出：在金融周期顶部期，爆发债务危机的概率增加了 1.16 个百分点；在金融周期下降期，爆发债务危机的概率增加了 0.95 个百分点；而在美联储开始实施加息政策 2 年之后，爆发债务危机的概率增加了 1.20 个百分点。从外债增长率、金融波动等控制变量的回归结果来看，外债增长率在 1% 水平上显著为正，说明外债的超速增长是债务危机的主要原因之一；外汇储备占比在 1% 水平上显著为负，丰富的外汇储备有助于防范债务危机的爆发。从图 3-5 可以看出，债务危机的 ROC 曲线位于机遇线上方，且 AUC 值为 0.815，大于基准模型中的 0.697，说明加入控制变量之后显著提升了模型预警的准确性。

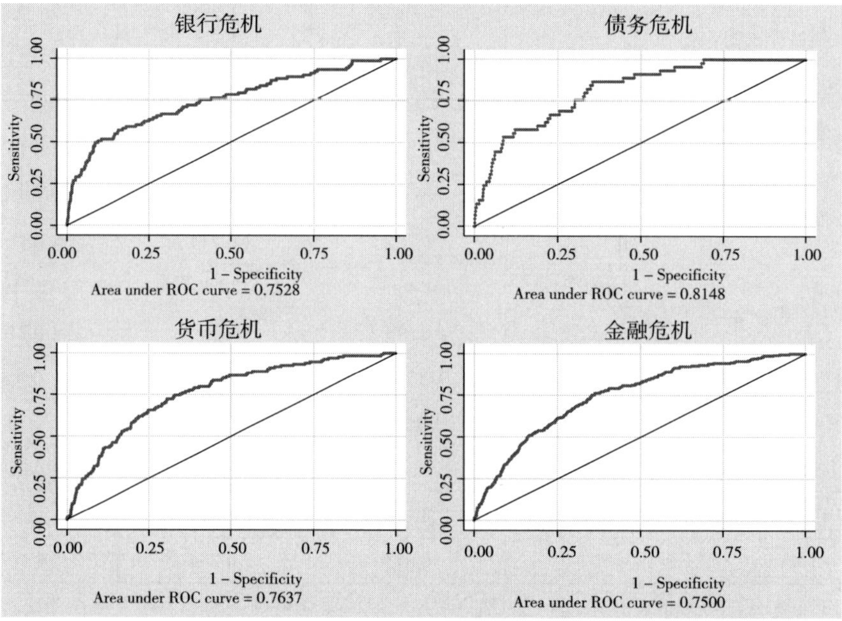

图 3-5　金融周期、美联储加息与金融危机的 ROC 曲线（拓展模型）

综货币危机的回归结果见表 3-5 中模型（7）。综合对比分析表 3-4 中的模型（3）和表 3-5 中的模型（7）的结果可知，加入外债增长率、金融波动等控制变量之后，金融周期下降期对货币危机具有显著的正向影响，显著性水平达到 1%；滞后三期的美联储加息变量在 5% 水平上显著为正，说明美联储加息与货币危机之间存在正相关关系。从金融周期和美联储加息对货币危机爆发概率的边际影响来看，根据式（3-8）可以算出：在金融周期下降期，爆发货币危机的概率增加了 2.06 个百分点；而在美联储开始实施加息政策 3 年之后，爆发货币危机的概率增加了 1.26 个百分点。从外债增长率、金融波动等控制变量的回归结果来看，金融波动在 1% 水平上显著为正，表明金融波动越剧烈发生货币危机的概率越大；外汇储备占比在 1% 水平上显著为负，表明丰富的外汇储备有助于防范货币危机的爆发；资本项目开放度在 1% 水平上显著为负，说明资本项目开放度越高发生货币危机的概率越小。从图 3-5 可以看出，银行危机的 ROC 曲线位于机遇线上方，且 AUC 值为 0.764，大于基准模型中的 0.605，说明加入控制变量之后显著提升了模型预警的准确性。

表 3-5 中模型（8）为金融危机的回归结果。综合对比分析表 3-4 中的模型（4）和表 3-5 中的模型（8）的结果可知，加入外债增长率、金融波动等控制变量之后，金融周期顶部期和金融周期下降期对金融危机均有显著的正向影响，且均在 1% 水平上显著，美联储加息滞后三期指标与金融危机存在显著的正相关关系，显著水平达到 1%。从金融周期和美联储加息对金融危机爆发概率的边际影响来看，根据式（3-8）可以算出：在金融周期顶部期，爆发金融危机的概率增加了 4.51 个百分点；在金融周期下降期，爆发金融危机的概率增加了 3.54 个百分点；而在美联储开始实施加息政策 3 年之后，爆发金融危机的概率增加了 3.53 个百分点。从外债增长率、金融波动等控制变量的回归结果来看，金融波动和贸易差额占比均在 1% 水平上显著为正，表明金融波动越剧烈发生金融危机的概率越大，而贸易失衡是导致金融危机的重要因素；外债增长率在 5% 水平上显著为正，说明外债的超速增长是金融危机的主要原因之一；外汇储备占比在 1% 水平上显著为负，说明外汇储备丰裕度越高发生金融危机的概率越小；此外，汇率制度在 1% 水平上显著为正，说明金融危机更容易在采用浮动汇率制度的国家（地区）爆发。从图 3-5 可以看出，金融危机的 ROC 曲线位于机遇线上方，且 AUC 值为 0.750，大于基准模型中的 0.616，说明加入控制变量之后显著提升了模型预警的准确性。

综合以上研究结论可知，银行危机和债务危机在金融周期顶部期具有更大的爆发概率，且金融周期下降期是各类金融危机的高发期。此外，美联储实施加息政策 2~3 年之后也是各类金融危机的高发期。

第六节　稳健性检验

一、内生性问题探讨

一般来说，内生性问题的原因主要有遗漏变量和双向因果，本章在变量选取时参考了研究金融危机的多篇经典文献，在模型中加入了多个控制变量，在很大程度上控制了由于遗漏变量所导致的内生性问题，因此，实证研究的内生性问题主要在于双向因果。一方面，各类金融危机与控制变量之间可能存在互相影响的双向因果关系；另一方面，虽然美联储加息是美国根据其自身经济运行情况制定的政策，对于美国以外的其他国家是外生性的，但美联储的利率政策与美国的金融危机之间可能存在相互影响的双向因果关系，进而产生内生性问题。

对于控制变量与金融危机之间的潜在内生性问题，现有文献多将控制变量的滞后一期加入模型。在本章的扩展模型中，本书已将控制变量的滞后一期加入模型，但为了确保本书实证研究结果更具有稳健性，接下来参考 Beck 等（2006）以及王道平等（2017）的做法，通过删除连续危机样本中除首年外的危机样本（比如，国家 A 在 1995 年爆发银行危机且银行危机持续到 2000 年，则删除国家 A1996~2000 年的样本，通过这种方法可以有效地控制双向因果带来的影响）做稳健性分析，回归结果见表 3-6 中模型（9）至模型（12）。从回归结果来看，本书的核心解释变量金融周期相关指标与美联储加息相关指标的系数均未发生明显变化，说明在进一步控制由双向因果导致的内生性问题后，本书的结论仍然具有稳健性；对于美联储加息与美国金融危机之间的潜在的内生性问题，美联储加息与金融危机之间可能的内生性仅存在于美国一个国家。鉴于此，为验证本书结论的稳健性，采用删除美国样本的方法来做稳健性分析，回归结果见表 3-6 中模型（13）至模型（16）。从回归结果来看，金融周期和美联储加息相关变量的系数未发生明显变化，说明在处理了内生性问题之后，本章得到的研究结论仍具有稳健性。

表 3-6　稳健性检验（内生性问题）

解释变量	对于连续危机样本仅保留其首年样本				剔除美国样本			
	模型（9）	模型（10）	模型（11）	模型（12）	模型（13）	模型（14）	模型（15）	模型（16）
	银行危机	债务危机	货币危机	金融危机	银行危机	债务危机	货币危机	金融危机
金融周期顶部期	1.310*** （0.303）	1.122*** （0.415）	0.256 （0.226）	0.998*** （0.244）	1.198*** （0.281）	0.972*** （0.355）	0.250 （0.211）	0.712*** （0.170）
金融周期下降期	0.761** （0.310）	1.321*** （0.381）	0.534** （0.218）	0.726*** （0.215）	0.623** （0.271）	0.784** （0.336）	0.592*** （0.189）	0.581*** （0.151）
金融波动	0.678*** （0.247）	0.741* （0.431）	0.807*** （0.221）	0.673** （0.264）	0.534*** （0.195）	0.515 （0.372）	0.826*** （0.209）	0.636*** （0.166）
L2. 美联储加息	0.419** （0.210）	0.950*** （0.321）	−0.220 （0.209）	0.202 （0.175）	0.531** （0.222）	1.006*** （0.331）	−0.173 （0.186）	0.201 （0.126）
L3. 美联储加息	0.982*** （0.243）	0.362 （0.327）	0.498*** （0.175）	0.815*** （0.166）	0.907*** （0.239）	0.244 （0.313）	0.369** （0.168）	0.593*** （0.125）
L. 贸易差额占比	2.559*** （0.767）	0.172 （1.542）	1.181* （0.622）	1.393** （0.658）	2.097*** （0.667）	−0.684 （1.358）	0.524 （0.633）	1.279*** （0.434）
L. 外债增长率	0.990* （0.600）	2.991*** （0.962）	0.809 （0.522）	1.550*** （0.412）	0.695 （0.533）	2.663*** （0.834）	0.345 （0.549）	0.857** （0.377）
L. 外汇储备占比	−1.184* （0.619）	−3.987*** （1.142）	−2.317*** （0.607）	−1.933*** （0.447）	−1.055** （0.432）	−3.074*** （0.911）	−2.280*** （0.521）	−1.964*** （0.375）
L. 资本项目开放度	−0.323 （0.278）	−1.475** （0.594）	−2.337*** （0.424）	−1.140*** （0.309）	−0.334 （0.267）	−0.827 （0.523）	−2.006*** （0.376）	−1.245*** （0.238）
汇率制度	0.781*** （0.295）	−0.0119 （0.537）	0.824*** （0.258）	0.721*** （0.238）	0.719*** （0.233）	−0.146 （0.458）	0.648*** （0.232）	0.596*** （0.168）
存款保险制度	0.174 （0.296）	−0.834* （0.466）	−0.354 （0.269）	−0.267 （0.217）	0.0926 （0.199）	−0.419 （0.393）	−0.312 （0.233）	−0.274 （0.190）
常数项	−5.024*** （0.385）	−4.734*** （0.593）	−2.816*** （0.296）	−3.233*** （0.310）	−5.001*** （0.345）	−4.858*** （0.569）	−2.839*** （0.283）	−2.718*** （0.241）
样本数	3207	3126	3422	2809	3550	3550	3550	3550
国家（地区）数	113	113	113	113	112	112	112	112

续表

解释变量	对于连续危机样本仅保留其首年样本				剔除美国样本			
	模型（9）	模型（10）	模型（11）	模型（12）	模型（13）	模型（14）	模型（15）	模型（16）
	银行危机	债务危机	货币危机	金融危机	银行危机	债务危机	货币危机	金融危机
伪 R^2	0.282	0.391	0.291	0.255	0.248	0.349	0.257	0.229
Wald χ^2	89.03	87.30	124.1	171.5	116.4	86.71	139.7	224.2
AUC	0.766	0.831	0.776	0.762	0.752	0.814	0.762	0.750

注：括号内为聚类稳健标准差；*、**、*** 分别代表参数在 10%、5%、1% 水平上显著；各变量系数均为原始值；伪 R^2 为 McKelvey & Zavoina's R^2；AUC 为判断模型预测效果的统计量。

二、采用 1997 年前后样本的稳健性分析

1997 年亚洲金融风暴之后，经济学家们开始对二战后美国主导的全球化尤其是金融全球化产生了质疑并深刻地反思了这次金融危机的形成机制。他们普遍认为东南亚国家爆发金融危机的根本原因在于这些国家对外过早地开放了金融市场（彭兴韵和江松霖，2007）。此后，各国纷纷加强自身的金融监管并导致国际金融治理结构发生了深刻的变化。因此，金融周期以及美联储加息对各类金融危机的影响可能在 1997 年前后表现出不同的特点。鉴于此，本书将研究样本分为 1997 年前后两部分进行稳健性分析。表 3-7 中模型（17）至模型（20）为 1997 年及以前样本的回归结果。从中可以看出，银行危机、债务危机和金融危机在金融周期顶部期具有更高的爆发概率，而金融周期下降期仅与货币危机和金融危机之间呈现显著的正相关关系。此外，美联储加息指标仅与债务危机与金融危机具有显著的正相关关系；表 3-7 中模型（21）至模型（24）为 1997 年以后样本的回归结果。从中可以看出，与 1997 年及以前样本得到的结论不同，金融周期顶部期仅与银行危机和金融危机之间有显著的正相关关系，而金融周期下降期与银行危机、债务危机均和金融危机有显著的正相关关系。此外，银行危机、债务危机、货币危机和金融危机均与美联储加息滞后两期或三期存在显著的正相关关系。以上结果表明，1997 年前后，金融周期和美联储加息对各类金融危机的影响存在一定的差异，但在金融周期顶部期和金融周期下降期更容易爆发银行危机和债务危

机的结论依然成立，在美联储加息之后 2~3 年容易爆发债务危机的结论同样成立。以上结论说明，虽然金融周期和美联储加息对金融危机的影响在 1997 年前后存在异质性，但本章的研究结论仍具有一定的稳健性。

表 3–7　稳健性检验（按 1997 年前后分组）

解释变量	1997 年及以前样本				1997 年以后样本			
	模型（17）	模型（18）	模型（19）	模型（20）	模型（21）	模型（22）	模型（23）	模型（24）
	银行危机	债务危机	货币危机	金融危机	银行危机	债务危机	货币危机	金融危机
金融周期顶部期	0.825**	1.422***	0.233	0.630***	2.505***	0.0985	0.218	0.961***
	（0.327）	（0.422）	（0.246）	（0.191）	（0.544）	（0.572）	（0.364）	（0.285）
金融周期下降期	0.459	0.524	0.634**	0.481**	1.320**	1.165***	0.482	0.772***
	（0.307）	（0.568）	（0.285）	（0.193）	（0.642）	（0.441）	（0.381）	（0.299）
金融波动	0.568**	−0.0703	0.836***	0.732***	0.497	1.387***	0.831***	0.450*
	（0.261）	（0.415）	（0.247）	（0.186）	（0.361）	（0.435）	（0.304）	（0.267）
L2. 美联储加息	−0.0402	1.340**	0.0227	0.106	1.187***	0.754*	−0.889*	0.140
	（0.246）	（0.532）	（0.236）	（0.164）	（0.450）	（0.398）	（0.481）	（0.255）
L3. 美联储加息	0.358	0.312	0.165	0.304**	1.947***	0.466	0.809***	1.091***
	（0.235）	（0.407）	（0.211）	（0.151）	（0.567）	（0.463）	（0.308）	（0.213）
L. 贸易差额占比	1.088	1.907*	0.472	1.172**	3.760**	−3.523	0.546	1.298
	（0.844）	（1.132）	（1.086）	（0.518）	（1.710）	（2.285）	（1.137）	（0.804）
L. 外债增长率	0.206	3.166***	−0.461	0.326	1.091	2.270	2.468***	2.331***
	（0.631）	（0.841）	（0.669）	（0.488）	（0.900）	（1.948）	（0.877）	（0.706）
L. 外汇储备占比	−0.129	−3.500**	−1.859	−1.185***	−1.454*	−3.197**	−2.125***	−2.282***
	（0.456）	（1.552）	（1.408）	（0.394）	（0.874）	（1.396）	（0.805）	（0.640）
L. 资本项目开放度	−0.567	−0.723	−1.969***	−1.341***	0.592	−1.509**	−2.042***	−1.142***
	（0.378）	（0.815）	（0.693）	（0.376）	（0.613）	（0.674）	（0.594）	（0.371）
汇率制度	0.643**	0.268	0.588	0.587***	0.661	−0.330	0.648	0.478
	（0.286）	（0.585）	（0.422）	（0.197）	（0.439）	（0.679）	（0.436）	（0.349）
存款保险制度	0.237	−0.835	−0.230	−0.163	0.644	−0.198	−0.228	−0.132
	（0.247）	（0.652）	（0.285）	（0.226）	（0.534）	（0.590）	（0.470）	（0.295）
常数项	−4.027***	−4.959***	−2.772***	−2.480***	−8.241***	−5.820***	−3.099***	−3.212***
	（0.346）	（0.794）	（0.413）	（0.281）	（1.041）	（1.272）	（0.488）	（0.408）
样本数	1712	1712	1712	1712	1876	1876	1876	1876

续表

解释变量	1997年及以前样本				1997年以后样本			
	模型（17）	模型（18）	模型（19）	模型（20）	模型（21）	模型（22）	模型（23）	模型（24）
	银行危机	债务危机	货币危机	金融危机	银行危机	债务危机	货币危机	金融危机
国家（地区）数	95	95	95	95	113	113	113	113
伪 R^2	0.112	0.448	0.225	0.167	0.537	0.333	0.320	0.308
Wald χ^2	50.86	81.40	73.98	96.06	99.58	129	72.64	99.48
AUC	0.734	0.780	0.758	0.741	0.725	0.788	0.741	0.739

注：括号内为聚类稳健标准差；*、**、*** 分别代表参数在10%、5%、1%水平上显著；各变量系数均为原始值；伪 R^2 为 McKelvey & Zavoina's R^2；AUC 为判断模型预测效果的统计量。

三、采用中高收入样本的稳健性检验

当前，我国人均GDP已经突破1万美元大关。按照世界银行关于国家收入类型的定义，我国已经进入中等以上收入国家行列，单独分析金融周期和美联储加息对中等以上国家的影响对我国具有重要的参考意义。鉴于此，本书按照世界银行的定义将本书154个国家（地区）分为中等以上及高收入国家（地区）和中等以下及低收入国家（地区）两组，并对中等以上及高收入的样本进行了稳健性检验，回归结果见表3-8中模型（25）至模型（28）。与表3-5中模型（5）至模型（8）对比来看，金融周期相关指标和美联储加息相关指标的系数同样均未发生明显变化；同时，各控制变量系数的符号和显著程度也均未发生明显变化。以上结果说明，对于中等收入及高收入国家（地区）样本来说，本书拓展模型的相关结论依然稳健。

表3-8　稳健性检验（中高收入样本）

解释变量	模型（25）	模型（26）	模型（27）	模型（28）
	银行危机	债务危机	货币危机	金融危机
金融周期顶部期	2.078***	0.816*	0.408	1.196***
	（0.395）	（0.431）	（0.294）	（0.236）
金融周期下降期	0.874**	0.915***	0.718***	0.686***
	（0.436）	（0.347）	（0.274）	（0.209）

续表

解释变量	模型（25）	模型（26）	模型（27）	模型（28）
	银行危机	债务危机	货币危机	金融危机
金融波动	0.558**	0.986***	0.975***	0.697***
	（0.242）	（0.365）	（0.288）	（0.202）
L2. 美联储加息	1.127***	0.809**	−0.0730	0.469***
	（0.308）	（0.349）	（0.236）	（0.149）
L3. 美联储加息	1.049***	0.252	0.570***	0.824***
	（0.353）	（0.348）	（0.216）	（0.162）
L. 贸易差额占比	2.386***	−1.862	0.596	1.361**
	（0.778）	（1.485）	（0.810）	（0.587）
L. 外债增长率	−0.121	2.061**	−0.0330	0.291
	（0.695）	（0.862）	（0.652）	（0.443）
L. 外汇储备占比	−2.178***	−3.105***	−1.652**	−2.151***
	（0.731）	（1.158）	（0.781）	（0.603）
L. 资本项目开放度	−0.551*	−1.254**	−2.748***	−1.656***
	（0.326）	（0.603）	（0.454）	（0.286）
汇率制度	0.497	−0.312	0.794***	0.417*
	（0.309）	（0.567）	（0.301）	（0.218）
存款保险制度	0.306	−0.614	−0.124	−0.0374
	（0.258）	（0.439）	（0.266）	（0.246）
常数项	−5.628***	−4.520***	−3.059***	−2.973***
	（0.519）	（0.725）	（0.391）	（0.318）
样本数	1984	1984	1984	1984
国家（地区）数	66	66	66	66
伪 R^2	0.402	0.332	0.295	0.284
Wald χ^2	152.4	68.77	130.2	186.7
AUC	0.842	0.818	0.791	0.788

注：括号内为聚类稳健标准差；*、**、*** 分别代表参数在 10%、5%、1% 水平上显著；各变量系数均为原始值；伪 R^2 为 McKelvey & Zavoina's R^2；AUC 为判断模型预测效果的统计量。

四、考虑“稀有事件偏差”的影响

对于二值选择模型来说，在“y=1”发生的频率非常小时可能会发生“稀有事件偏差”，导致“y=1”的概率被系统性低估。在本书的研究样本中，银行危机、债务危机和货币危机的发生频率分别为2.0%、1.0%和3.2%，属于稀有事件。因此，可能会存在一定程度的“稀有事件偏差”，有必要进一步考虑“稀有事件偏差”的稳健性检验。根据现有相关文献，解决“稀有事件偏差”的方法通常有两种：一种为King和Zeng（2001）等提出的“偏差修正估计”；另一种为假定模型中的随机误差项服从非对称的极值分布，采用“补对数—对数”（Cloglog）模型进行估计来修正（Chen，2014）。由于第一种方法无法计算变量的边际影响，本书采用Cloglog模型对基准模型进行重新估计，并比较Logit模型和Cloglog模型边际效应的差异，回归结果如表3-9所示。

表3-9　稳健性检验（考虑“稀有事件偏差”的影响）

解释变量	模型（29）	模型（30）	模型（31）	模型（32）
	银行危机	债务危机	货币危机	金融危机
金融周期顶部期	0.0313***	0.0117***	0.0091	0.0444***
	（0.0068）	（0.0044）	（0.0071）	（0.0101）
金融周期下降期	0.0155**	0.0094**	0.0203***	0.0342***
	（0.0067）	（0.0043）	（0.0063）	（0.0090）
金融波动	0.0118**	0.0064	0.0282***	0.0372***
	（0.0047）	（0.0046）	（0.0069）	（0.0096）
L2. 美联储加息	0.0131**	0.0121***	−0.0055	0.0128*
	（0.0053）	（0.0042）	（0.0063）	（0.0076）
L3. 美联储加息	0.0218***	0.0029	0.0123**	0.0346***
	（0.0057）	（0.0038）	（0.0058）	（0.0074）
L. 贸易差额占比	0.0515***	−0.0069	0.0215	0.0832***
	（0.0161）	（0.0163）	（0.0212）	（0.0253）
L. 外债增长率	0.0158	0.0318***	0.0130	0.0508**
	（0.0126）	（0.0103）	（0.0186）	（0.0219）

续表

解释变量	模型（29）	模型（30）	模型（31）	模型（32）
	银行危机	债务危机	货币危机	金融危机
L. 外汇储备占比	−0.0258**	−0.0362***	−0.0739***	−0.112***
	（0.0107）	（0.0110）	（0.0181）	（0.0228）
L. 资本项目开放度	−0.0074	−0.0102	−0.0718***	−0.0761***
	（0.0063）	（0.0065）	（0.0143）	（0.0152）
汇率制度	0.0174***	−0.0019	0.0225***	0.0346***
	（0.0057）	（0.0058）	（0.0082）	（0.0104）
存款保险制度	0.0031	−0.0053	−0.0096	−0.0132
	（0.0047）	（0.0048）	（0.0080）	（0.0114）
常数项	0.0515***	−0.0069	0.0215	0.0832***
	（0.0161）	（0.0163）	（0.0212）	（0.0253）
样本数	3588	3588	3588	3588
国家（地区）数	113	113	113	113

注：括号内为聚类稳健标准差；*、**、*** 分别代表参数在 10%、5%、1% 水平上显著；各变量系数均为边际值。

对比表 3–9 和表 3–5 中金融周期和美联储加息对金融危机的边际影响可以看出，Logit 模型和 Cloglog 模型的平均边际效应差别较小，误差在 1.1% 左右。因此，前文基于 Logit 模型的回归得到的结果为金融周期和美联储加息对金融危机发生概率影响的边际影响是准确的。同时，这也进一步说明本书的结论具有稳健性。

五、加入房价因素重新度量金融周期的稳健性分析

前文基于样本容量的考虑，在度量各国金融危机时没有考虑各国的房价因素。但 Drehmann 等（2012）认为，信贷和房地产价格是表征金融周期的合理变量，缺少房价因素可能导致测算得到的金融周期和实际情况不符。此外，伊楠和张斌（2016）认为，房地产可以作为投资品和消费品的双重属性使房地产价格在金融周期中扮演着重要的角色，是将金融和实体

经济联系起来的纽带，在度量金融周期时具有重要的作用。因此，前文关于金融周期的度量可能存在一定的缺陷。基于稳健性考虑，本章接下来将房价因素纳入金融周期的度量中进行稳健性检验。和前文度量金融周期的步骤相同，新的金融周期的计算过程如下：首先，将私人部门信贷、私人部门信贷/GDP 和房价指数按照式（3-1）进行标准化并将标准化后的数据进行 CF 滤波[①]；其次，将滤波后得到的周期项按照主成分分析法合成为金融周期；最后，参照式（3-2）和式（3-3）将金融周期划分为顶部期、下降期、上升期和底部期四个不同阶段。由于本书的 154 个国家（地区）样本中仅有 33 个国家（地区）的房价数据较为全面，因此本书仅以这 33 个国家（地区）的子样本进行稳健性检验[②]。33 个国家（地区）在本书的样本期间共发生银行危机 35 次、货币危机 31 次、债务危机 6 次以及金融危机 69 次。由于样本在发生债务危机和货币危机时所对应的房价数据严重缺失，本书仅对银行危机和金融危机情形进行了稳健性分析，实证结果见表 3-10。对比表 3-10 中模型（33）和模型（35）以及模型（34）和模型（36），金融周期度量加入房价因素前后，金融周期相关指标和美联储加息相关指标的系数同样均未发生明显变化，表明前文选取私人部门信贷、私人部门信贷/GDP 和 M2/GDP 三个指标来度量金融周期是可行的。从而，在加入房价因素重新度量金融周期之后，本书的研究结论仍具有稳健性。

表 3-10　稳健性检验（加入房价因素并重新度量金融周期）

解释变量	金融周期度量中未加入房价		金融周期度量中加入了房价	
	模型（33）	模型（34）	模型（35）	模型（36）
	银行危机	金融危机	银行危机	金融危机
金融周期顶部期	3.163***	2.641***	1.641***	1.914***
	（0.770）	（0.715）	（0.491）	（0.690）
金融周期下降期	1.217	1.650*	0.826	1.067
	（1.091）	（0.860）	（0.711）	（0.954）

① CF 滤波窗口同样设定为最小值 8 年和最大值 30 年。

② 该33个国家样本包括澳大利亚、奥地利、比利时、巴西、加拿大、智利、哥伦比亚、丹麦、芬兰、法国、德国、冰岛、印度尼西亚、爱尔兰、意大利、日本、朝鲜、马其顿、马来西亚、荷兰、新西兰、挪威、秘鲁、俄罗斯、塞尔维亚共和国、新加坡、南非、西班牙、瑞典、瑞士、泰国、英国和美国。

续表

解释变量	金融周期度量中未加入房价		金融周期度量中加入了房价	
	模型（33）	模型（34）	模型（35）	模型（36）
	银行危机	金融危机	银行危机	金融危机
金融波动	0.268 （0.435）	0.222 （0.458）	0.853* （0.483）	0.551 （0.470）
L2. 美联储加息	2.160*** （0.794）	0.474 （0.339）	2.014*** （0.742）	0.435 （0.495）
L3. 美联储加息	2.909*** （0.963）	1.889*** （0.442）	2.771*** （0.966）	1.865*** （0.4581）
L. 贸易差额占比	2.315 （2.577）	2.919 （2.629）	2.409 （2.639）	2.331 （2.010）
L. 外债增长率	2.356 （1.965）	3.721** （1.714）	1.993 （2.294）	3.517** （1.521）
L. 外汇储备占比	−1.396 （1.239）	−1.381 （2.106）	0.465 （1.329）	−0.394 （1.739）
L. 资本项目开放度	−0.235 （0.829）	−1.166 （0.896）	0.152 （0.598）	−0.800 （0.496）
汇率制度	0.0776 （0.407）	0.0414 （0.882）	0.333 （0.419）	0.0842 （0.436）
存款保险制度	0.960 （0.805）	0.565 （1.099）	1.217* （0.729）	0.673 （0.529）
常数项	−10.23*** （1.491）	−6.136*** （0.799）	−8.509*** （1.413）	−5.264*** （1.857）
样本数	674	674	678	678
国家（地区）数	32	32	32	32
伪 R^2	0.644	0.447	0.596	0.406
Wald χ^2	187.2	101.5	76.59	57.86
AUC	0.919	0.821	0.913	0.852

注：括号内为聚类稳健标准差；*、**、*** 分别代表参数在 10%、5%、1% 水平上显著；各变量系数均为原始值；伪 R^2 为 McKelvey & Zavoina’s R^2；AUC 为判断模型预测效果的统计量。

第七节　本章小结

20 世纪 90 年代以来，随着经济全球化以及金融自由化的不断推进，日益频繁的跨国投资与贸易活动往来使得金融风险的形成、积聚和扩散机制变得更加复杂，全球开始进入金融危机多发期。根据过去 50 年来的金融危机史，全球范围内每隔 10 年左右就会发生一次较大范围的金融危机，表明金融危机爆发具有一定的“周期性”。而当前距离上次全球范围的金融危机已逾 10 年，“十年一危机”的说法再次进入人们的视野，土耳其和阿根廷两国的货币危机会不会传染世界其他国家，以及在短期内全球范围的金融危机会不会发生、何时发生、首先在哪个国家发生成为人们关注的焦点。基于此，本章系统地梳理了研究金融周期、美联储加息和金融危机的相关文献，并基于金融周期和国际金融理论阐释了金融周期和美联储加息对金融危机发生概率的影响机制。在理论机制分析的基础上，采用包含全球 154 个经济体的跨国面板数据，验证了金融周期和美联储加息对银行危机、债务危机和货币危机的影响。

研究结论表明：首先，金融因素在银行危机、债务危机和货币危机的形成机制中均扮演着重要的角色，各类金融危机在金融周期顶部期和下降期具有更大的爆发概率，采用金融周期指标可以显著提升金融危机模型的预警能力。因此，实时、动态地监测金融因素尤其是金融周期的波动有助于我们提前防范化解金融风险。其次，美联储加息在银行危机、债务危机和货币危机的形成机制中均扮演着重要的角色，是影响各国金融危机的重要因素，各类金融危机在美联储加息之后 2~3 年内具有更大的爆发概率。因此，实时监测美联储动向同样有助于我们提前防范化解金融风险。进一步的分析发现，金融周期和美联储加息对各类金融危机的影响在 1997 年前后发生了一定的变化，但在金融周期顶部期和金融周期下降期更容易爆发银行危机和债务危机的结论以及在美联储加息之后 2~3 年容易爆发债务危机的结论依然成立。最后，本章的研究结论在处理过内生性、调整样本和更换金融周期度量方法以及处理“稀有事件偏差”之后依然有效。

第四章

金融周期、全要素生产率与债券违约[①]

① 本章主要内容发表于《经济管理》2020 年第 2 期。

第一节　引言

自 1983 年我国第一只企业债券问世以来，我国债券市场经历了长足发展。随着我国经济进入新的发展时期，短期融资债券、公司债、中期票据等债券融资种类相继发行，债券融资逐渐成为我国企业的主要融资方式之一。据 Wind 数据统计，我国债券市场存续债券规模在 2022 年底高达 141.34 万亿元，其中信用债份额高达 44.2 万亿元，为我国企业融资提供了重要的渠道支持（见图 4-1）。整体来看，债券融资降低了企业的融资成本，拓宽了企业的融资渠道，在改善我国企业外部融资环境、解决企业融资难问题以及改善企业资本结构方面发挥着不可磨灭的作用。长期以来，为避免债券违约所引发的一系列经济、社会问题，对于存在兑付危机的债券，我国政府一直采取在银行、债券承销商和财政部之间进行协调，并通过银行代偿、承销商垫付以及财政拨款进行偿还等方式加以解决，这种隐性的政府"兜底"行为长期掩盖了存在于债券市场的兑付危机风险（窦鹏娟，2016）。然而，随着我国债券市场的不断发展以及债券种类的不断创新，近年来债券兑付危机事件频有发生，实质性违约事件数量屡创新高。

图 4-2 描述了 2014 年以来我国债券违约概况，可以看出，截至 2022 年底，我国债券市场累计发生实质性违约债券达 422 只，涉及债券发行金额 3480.51 亿元。虽然 2022 年的违约债券金额较 2018~2021 年出现明显下降，但是违约数量仍处于高位。不断增加的信用违约事件表明，债券市场的兑付风险正呈现不断扩大之势，同时也给债券投资者带来了巨额的经济损失。此外，债券市场的违约所带来的信用风险还会通过银行系统传染整个金融市场，影响整个金融市场资金链稳定，并造成银行、信托等机构的不良率上升，甚至会引发融资环境紧张，进而对整个实体经济运转产生负面影响（Leitner，2005）。党的十九大将防范化解金融风险放在"三大攻坚战"之首，凸显了防范化解金融风险的重要性和紧迫性，而目前债券市场的"违约潮"正是我国金融市场上的主要金融风险之一。因此，研究影响

债券违约的主要因素，不仅可以帮助债券投资者有效规避风险，还有助于我们更好地管控宏观金融风险。

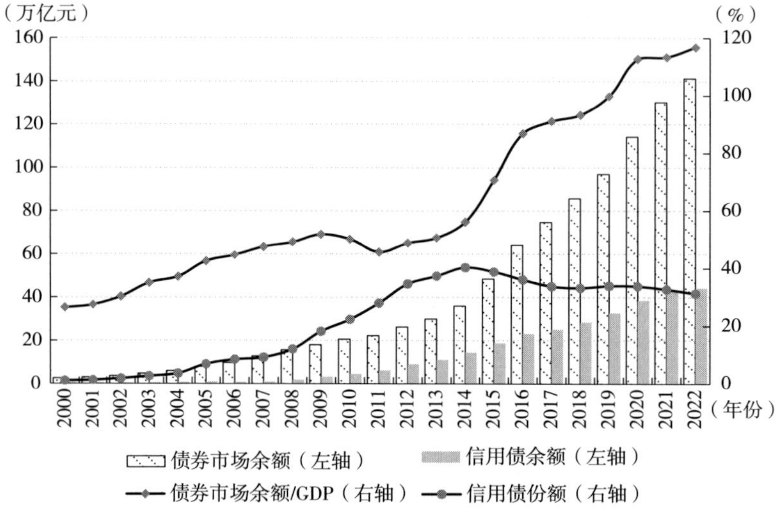

图 4-1　2000 年以来我国债券市场规模及信用债份额概况

资料来源：Wind 数据库。

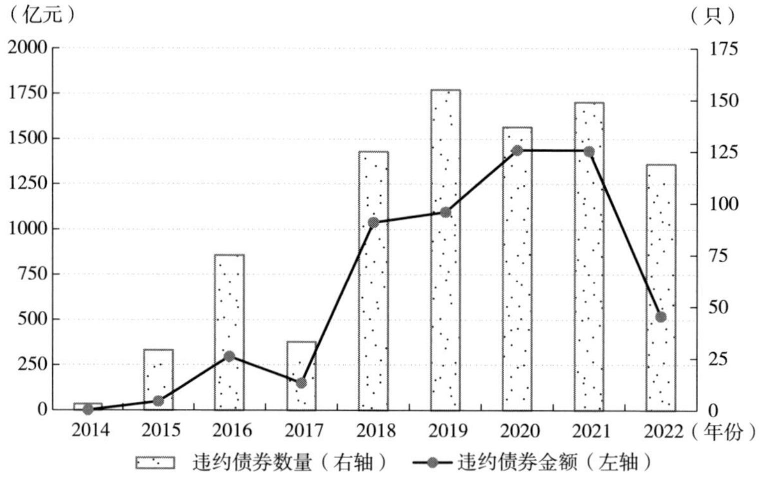

图 4-2　2014~2022 年我国债券违约概况

注：上述统计信息不包含重复违约债券。

资料来源：Wind 数据库。

现有关于公司债务违约的研究主要从公司财务指标（Beaver，1966；Altman，1968；吴世农和卢贤义，2001）方面进行考察，多关注资产负债率、资产收益率、流动比率等财务比率对债务违约的影响。财务指标确实是影响公司债务违约的主要因素，但债务违约同样会受到整个宏观经济金融环境以及公司基本面的影响，以往文献在此方面的理论引入还存有进一步拓展的空间。金融周期理论是近年来兴起的重要宏观经济理论，已有研究表明，金融周期对金融危机等金融风险的发生概率有重要的影响（李雪松和罗朝阳，2019）。本书在此提出，金融周期同样会对微观企业债券违约概率产生重要影响这一理论设想，并在理论机制和实证上对此加以分析和验证。全要素生产率是反映企业基本面以及高质量发展的重要指标，全要素生产率高的企业理应具有更强的风险抵御能力。因此，本书提出全要素生产率也是影响债券违约的重要因素之一的理论设想，并在理论和实证上加以检验。基于此，本章以中国非金融类 A 股上市公司发行的 2011~2018 年发生实质性违约以及虽未发生违约但到期的债券为研究对象，将债券个体特征、上市公司数据以及金融周期数据进行匹配，实证检验了金融周期和全要素生产率对债券违约的影响。

本章的主要贡献是：第一，本章从金融周期角度和企业生产率角度出发，综合考虑了内外两种因素对债券违约的影响。第二，当前绝大多数研究均以债券利差度量债券违约风险，很少涉及实质性债券违约。本章研究的违约问题为实质性债券违约，在变量的选取上综合控制了债券、企业和外部宏观环境变量，对债券违约的影响因素进行了较为全面的研究，为后续相关研究提供了一个可参考的模板。第三，本章较为完整地进行了拓展分析和稳健性检验，结论具有可信度。第四，本章的研究结论对于我国防范化解金融风险以及帮助债券投资者规避风险具有重要参考意义。

本章余下内容安排如下：第二节为研究综述；第三节为理论分析和提出研究假设；第四节为样本、变量与模型设定；第五节为金融周期波动和全要素生产率与债券违约的实证结果及异质性分析；第六节为稳健性检验；第七节为本章小结。

第二节　债券违约研究综述

在研究公司债务违约问题时，一个相关且重要的议题是公司债务违约的影响因素有哪些，在当前债务违约事件日渐增多且国内相关研究相对匮乏的情况下，针对这一议题的探讨显得尤为重要。

在研究方法上，Beaver（1966）基于单因素判别法研究了公司违约现象，发现现金比率、总资产收益率、资本周转率以及现金流量比与债务违约概率负相关，而资产负债率与债务违约概率正相关；Altman（1968）基于多因素判别式分析法研究了企业债务违约现象，发现在预测企业债务违约方面多因素判别式分析法具有更高的准确率；Ohlson（1980）基于 Logit 模型研究发现，资产规模越大、收入增长越快以及营业资金越充足的企业发生破产的概率越小，而负债率越高的企业发生破产的概率则越大；Huffman 和 Ward（1996）同样基于 Logit 模型研究发现，资产增速过快、收益率低以及抵押资产过多的企业发生债务违约的可能性较大；McDonald 和 Gucht（1999）基于久期模型研究发现，债券评级与债券违约概率显著负相关，债券票面利率与债券违约概率显著正相关，而债券发行规模、发行时间以及债券期限与债券违约均没有显著的相关关系；Giesecke 等（2012）基于区制转换模型研究了美国 1866~2008 年的债务违约率问题，发现经济金融变量可以有效解释美国公司债券违约，股票收益率和 GDP 增长率与债券违约率存在显著的负相关关系。

在宏观影响因素方面，多数学者认为，经济周期、货币政策以及通货膨胀和股市收益率等会极大地影响企业的生产经营状况，因此，宏观因素是影响企业违约风险的重要变量。同时，由于宏观经济因素相比微观因素来说具有更容易观察以及获取的特点，学者们针对宏观经济因素影响微观企业债务违约的理论机制进行了大量的研究。Moore（1961）研究发现，经济周期与企业违约水平之间具有明显的负相关关系，当经济周期处于经济繁荣期时，企业的违约水平会明显下降，而当经济周期处于衰退期时，企业的违约水平会显著上升。Fama 和 French（1996）以及 Guha 和 Hiris（2002）以公司债券信用利差度量企业信用风险，研究了经济周期与债券利差之间的关系，发现在经济繁荣期，公司债券具有更小的信用利差，表明在此期间债券的违约风险更小。而在经济衰退时期，公司债券则有更大的信用利差，说明在此期间公司债券的违约风险显著增加，从而证实了经济周期与信用利差之间的负相关关系。Duffie 等（2007）研究了公司特定财务指标和宏观经济变量对公司破产违约的影响，发现股票回报率、国库券利率和标普 500 指数年回报率可以有效预测公司破产、违约事件。Duffie 等（2007）利用美国 2700 家工业企业 1980~2004 年的月度数据研究了股票回报率、国库券利率和标普 500 指数年回报率等宏观经济变量对公司破产违约的影响，研究发现股票回报率、国库券利率和标普 500 指数年回报率可以有效预测公司破产违约事件。Riccetti 等（2016）将股票市场加入金融加速器理论模型中，发现企业利润率下降会拉低企业在股票市场的价值，导致银行提升贷款利率，增加企业融资成本，并进一步降低企业投资生产意愿，从而缩短企业的违约距离，增加企业债务违约风险。此外，也有一些学者研究了 GDP 增长率、通货膨胀、股市波动率等宏观因素对债券信用利差的影响。比如，Wright（2011）利用跨国数据，研究了通货膨胀不确定性对债券信用利差的影响，发现通胀不确定性越大，债券信用利差越大，且这种效应对长期债券更为明显。Giesecke 等（2012）基于区制转换模型研究了美国 1866~2008 年的债务违约率问题，发现经济金融变量可以有效解释美国公司债券违约，股票收益率和 GDP 增长率与债券违约率存在显著的负相关关系。

在微观因素对债券信用利差影响的研究中，多数学者认为，企业信用评级、资本结构、财务比率以及投资者预期和公司治理水平对债券违约具有解释能力。Warga 和 Welch（1993）研究了公司资本结构调整对债券信用利差的影响，发现债券信用利差与公司资本结构调整幅度呈显著的正相关关系。Greenwood 和 Hanson（2013）研究了公司信用评级质量与债券信用利差之间的关系，发现发债主体的信用质量越高债券的信用利差越低。Collin—Dufresne 和 Goldstein（2001）研究了公司财务因素和市场因素对债券信用利差的影响，发现杠杆率以及股票估值等企业财务因素对债券利差的影响较小，而市场因素对债券信用利差的影响较大。Nayak（2010）分析了投资者情绪对公司债券信用利差的影响，发现债券信用利差会随着投资者情绪的变化而变化，公司债券信用利差在投资者悲观时会增大，在乐观时则会减小。Bhojraj 和 Sengupta（2003）研究发现，良好的公司治理机制可以通过监督管理者工作业绩并缓解代理问题，从而降低公司与债权人之间的信息不对称程度并减小企业债务违约的风险，进而表现为更小的公司债券信用利差。吴世农和卢贤义（2001）基于 70 家财务困境公司和 70 家财务正常公司的对比研究后发现，在财务困境发生前 1~2 年，多达 16 个指标对于财务困境具有预测能力，其中净资产报酬率的判别成功率最高，Logit 模型预测误判率最低。Becchetti 和 Sierra（2003）研究了意大利制造业企业全要素生产率和破产风险之间的关系，发现全要素生产率越高的企业发生破产的风险越小。叶志锋和胡玉明（2009）研究了企业盈余管理与企业债务违约率之间的关系，发现进行现金流量操纵的企业的债务违约率相对较高。陈德球等（2013）检验了企业破产所承担的社会成本对企业债务违约的影响，发现企业的债务成本会通过降低银行的筛选标准和银行对企业担保的要求，导致企业道德风险提升，并增加企业债务违约的概率。钟辉勇等（2016）考察了城投债的名义担保和政府隐性担保以及债券评级对债券违约风险的影响，结果表明政府担保并不能降低债券信用利差，同时债券评级也不能反映债券的违约风险。许浩然和荆新（2016）基于中国 A 股上市公司数据研究了企业社会关系网络对债务违约的影响，发现社会关系网络强度和公司债务违约概率呈显著负相关关系，社会关系网络越强，企业发生债务违约的概率越小。林晚发等（2019）研究了承销商评级与债券信用利差之间的关系，发现承销商评级与债券信用利差之间呈负相关关系，高评级的承销商能够识别企业的盈余管理，降低债券的违约风险。

由于我国债券市场发展相比国外发达国家较为滞后，国内学术界对于债券信用利差以及债券违约风险的研究起步较晚，但也同样积累了大量的实证研究。刘国光和王慧敏（2005）基于协整模型研究了我国国债利率与银行间债券市场信用利差之间的协整关系，研究发现国债利率水平和债券利差之间存在显著的正相关关系，国债利率水平对于债券信用利差具有较强的预测作用。张燃（2008）基于我国上市公司的股票市场回报率数据和短期利率数据检验了短期利率和股票市场回报率对债券信用利差的影响，研究结果表明短期利率相比股票市场回报率对信用利差具有更强的解释力。周宏等（2011）基于我国89家企业的债券月度数据研究了经济不确定性对债券信用利差的影响，其研究结果表明，企业债券的违约风险在2008年金融危机爆发之后显著变大。于静霞和周林（2015）则研究了宏观经济波动、货币政策、PMI（采购经理指数）增速以及通货膨胀对债券信用利差的影响，研究结果表明，货币政策调整以及宏观经济波动会导致企业债券利差出现明显的增加。杨大楷和王鹏（2014）基于我国公司债券的月度数据研究了应计盈余管理和真实盈余管理对债券信用利差的影响，发现应计盈余管理和真实盈余管理均对债券信用利差有显著的正向影响。武恒光和王守海（2016）基于我国重污染行业上市公司发行的公司债券数据研究了环境信息披露与债券信用利差之间的关系，研究发现不同环境绩效类型的企业的环境信息披露水平对债券信用利差的影响不同。对于高环境绩效的公司来说，环境信息披露水平与债券信用利差呈显著的负相关关系，但是对于低环境绩效的公司这种相关关系则完全相反。李志辉等（2017）利用我国上市公司发行的债券数据检验了独立董事兼任与债券违约风险之间的关系，发现独立董事兼任席位越多，独立董事监督效率越低。刘妍等（2018）以我国A股上市公司发行的公司债为研究对象，研究了企业现金资产和流动性资产水平与债券利差之间的关系，研究结果表明，现金持有对公司债券利差的影响与信贷周期关系紧密，现金持有水平降低公司债券利差的效应对于高评级发债主体更为显著。生柳荣等（2019）基于我国非金融企业债券以及财务数据，通过Logistic模型分析了债券发行主体信息对违约的影响，发现通过优化盈利能力、降低杠杆率、提升资产流动性可显著地降低违约概率。蓝发钦等（2020）基于我国债券市场全样本信用债数据，从行业敏感性视角构建了债券违约风险的预测模型，发现近年来我国金融、地产等行业的企业违约风险大幅度提升，且地方性企业的信用风险普遍较大。王永钦等（2016）基于我国城投债数据研究了M2同比增速、实际有效汇率等外生冲击对地方政府城投债违约价差的影响，发现M2同比增速与实际有效汇率对城投债违约价差均有显著的影响。姚红宇和施展（2018）基于我国信用债样本构建了包含企业属性和地方经济环境指标的预测模型，发现传统的财务指标对债券违约风险存在解释不足问题，地方经济状况指标可以显著提升对债券违约风险的解释能力。

上述文献从公司特征、债券特征以及外部宏观经济环境方面研究了债务违约问题，极大地丰富了债务违约的相关研究，但仍存在需要进一步深化和拓展之处：第一，虽然债券违约是债务违约的一种，但债券有别于一般债务，有其自身独有的特征，需要区别研究。而上述研究多关注企业债务违约问题，对当前日益严峻的债券违约问题研究得不充分。第二，在宏观经济因素方面，上述文献多关注 M2 同比增速、股票市场回报率等对债券违约的影响，没有从金融周期视角来研究债券违约问题，缺乏理论性意义。第三，在公司特征方面，上述文献多侧重于资产负债率、资产收益率等财务指标对债券违约的影响，较少有文献从企业基本面的角度研究全要素生产率对债券违约的影响。第四，受实质性债券违约数据欠缺的限制，鲜有研究关注我国债券实质性违约的影响因素，而越来越多的实质性债券违约事件亟须从理论到实证的进一步研究。鉴于此，本章从金融周期和全要素生产率视角来探究外部因素和企业基本面特征对债券违约的影响，可以在一定程度上弥补现有研究的不足之处。

第三节　理论机制分析

一、金融周期与债券违约

改革开放以来，金融因素在我国宏观经济体系中占据越来越重要的地位，为我国经济发展提供了重要的支撑。作为整个经济体系的子系统，金融体系又有其独特的运行规律——金融周期规律。金融周期理论基于经济周期理论发展而来，通过在传统的经济周期理论框架中加入内生或者外生的信贷约束，研究在信贷约束情况下外生冲击如何在实体经济中不断传播和放大，最终导致实体经济的剧烈波动。Bernanke 等（1996）厘清了各种冲击影响实体经济的传导路径，并系统地阐释了金融加速器机制的作用过程，认为信贷市场中的信息不对称和金融摩擦给银行向公司贷款带来了道德风险，在企业向银行部门申请贷款时，银行部门会根据借款企业的资产负债表情况确定给企业发放的贷款规模和价格水平（贷款利率）。因此，企业（借贷人）的资产净值与其外部融资成本负相关。在经济收缩时期，由于企业外部需求疲软，产品价格开始下跌，企业存货不断增加并影响其经营状况，至此，企业开始减少生产甚至停工停产，直接导致企业产出水平和资产价值不断下降。企业资产价值缩水导致企业资产负债表出现衰退。由于银行部门会根据企业的资产负债表情况来确定给企业发放的贷款规模和价格水平，企业资产负债表的逐渐萎缩导致银行部门不断提升给企业发放贷款的利率水平，提高企业的融资成本。不仅如此，企业资产负债表的逐渐恶化还会增加企业债务违约的概率，进而导致银行产生大量不良资产，影响银行效率并导致实体经济中投资和产出水平不断降低，增加发生系统性金融风险的概率（Goodfriend and McCallum，2007）。此外，由于价格水平的变化，负向冲击还可能引发"债务—通货紧缩"效应。当外生冲击和资产价格水平同向变动时，金融加速器效应和"债务—通货紧缩"效应还会相互强化，外生冲击通过这种传导过程将被放大数倍（Christiano et al.，2010）。

从行为金融学的视角出发，Shiller（2015）认为，金融市场具有无生产过程和财富即时兑现的特点，更容易激发人们对财富的贪婪。在"动物精神"的驱使下，投资者对未来的盲目乐观和过度自信会激发"羊群效应"，导致大量资本流入金融市场并使得金融市场的资本收益率高于实体经济。由于金融市场具有更高的资本收益率，大量原定投资于实体经济的资金开始涌入金融市场，进一步导致金融市场中"非理性繁荣"和实体经济中资金匮乏两种现象并存。当经济系统受到负向冲击时，投资者对未来的预期变得悲观，开始大量卖出金融资产并再次引发"羊群效应"，导致金融资产价格大幅下跌。最终，企业可用于抵押的金融资产价值严重缩水，进一步限制了企业在此阶段的融资能力。此外，Gatti 等（2010）研究发现，企业间的借贷关系会随着合作伙伴的选择而内生性地发生变化，当经济体系中存在负向冲击时，高资产负债率企业的违约风险会传导至与其存在借贷关系的其他企业，间接地增加其他企业违约甚至破产清算的概率。Riccetti 等（2016）将股票市场加入金融加速器理论模型中，发现企业利润率降低会拉低企业在股票市场的价值，导致银行提升贷款利率，增加企业融资成本，并进一步降低企业投资生产意愿，从而缩短企业的违约距离，增加企业债务违约风险。

根据上述理论分析，在金融周期上升阶段，企业资产负债表逐步扩张，但基于宽松的信贷政策，在此扩张阶段企业并不容易发生债务违约。由于企业在金融周期上升阶段积累了大量的债务，当金融周期到达顶点附近时，信贷紧缩政策通过金融加速器机制以及“债务—通货紧缩”效应不断被放大和传导。不仅如此，信贷紧缩政策还会使得投资者对未来金融市场走向产生悲观预期，投资者大量卖出金融资产并引发“羊群效应”，最终导致其金融资产价值大幅下跌，金融资产严重缩水。因此，信贷紧缩政策经过一系列传导，增加了企业的外部融资难度，限制了企业“借新还旧”的能力，违约风险逐步增加，从而使得企业在金融周期顶部区域容易发生债务违约。因此，本书提出如下假设 H_1：在金融周期顶部区域更容易发生债券违约事件，即金融周期和债券违约呈显著正相关。

二、全要素生产率与债券违约

研究全要素生产率对债券违约的影响机制需要从研究影响全要素生产率的主要因素出发。对于微观企业而言，全要素生产率反映的是企业的综合生产率。Isaksson（2007）在梳理前人文献的基础上得出结论认为，资源配置状况、人力资本水平、企业基础设施、R&D 投入以及市场竞争环境是影响企业生产率的主要因素。Hsieh 和 Klenow（2009）从资源错配的角度研究发现，劳动和资本错配状况显著降低了中国工业企业整体的生产率，当不存在资源错配时（相对于美国企业），中国制造业企业全要素生产率可以获得额外 30%~50% 的增长；夏良科（2010）以及 Bloom 等（2013）研究发现，R&D 投入和企业间技术溢出效应能够显著提升企业全要素生产率。在人力资本方面，程惠芳和陆嘉俊（2014）认为，人力资本强的企业通常具有更高的生产率，Bloom 和 Van Reenen（2007）以及薄文广等（2018）研究发现，拥有更高才能企业家的企业也通常具有更高的生产率。

以上文献表明，影响企业全要素生产率的变量是多样的，涵盖资源错配、公司治理、技术进步、人力资本等多个方面，生产率高的企业往往具有更优的资源配置状况、使用更先进的技术和设备、拥有更高的人力资本以及更优秀的企业管理人员。从成本角度分析，较低的资源错配程度以及使用更先进的管理和设备可以提升资源的边际产出，显著降低企业产品的单位成本，增加商品在市场上的竞争力，在面临财务困境时更容易将产品变现，从而降低债务违约概率。从附加值角度分析，更高的人力资本和使用更先进的技术、设备可以通过增加企业产品的附加值来提高企业的利润率，从而使企业有更充足的资金用于偿还债务，降低发生债务违约的风险。从公司治理角度分析，具有更优秀管理才能的企业家能够洞察市场变化，合理安排企业投资以及生产状况，减少企业债务和投资的期限错配程度，最终降低企业发生债务违约的风险。不仅如此，生产率更高的企业更倾向于选择垂直一体化战略，扩大企业的整体规模并提高其在市场上的议价能力，能够为企业债务提供“隐性担保”，更不容易发生债务违约现象（Hortaçsu and Syverson，2007）。综合以上分析，本书提出如下假设 H_2：全要素生产率高的企业发生债务违约的概率较小，即全要素生产率和债券违约呈显著负相关。

第四节　样本、变量与模型设定

一、样本来源与处理

为了研究金融周期和生产率对债券违约的影响，本书以我国 A 股上市公司发行的公司债、企业债、短期（超短期）融资券、中期票据以及定向债务融资工具为研究对象。其中，公司债指股份公司或有限责任公司按照法定程序发行的、约定在一定期限还本付息的有价证券，其监管部门为中国证券监督管理委员会；企业债指由中央政府部门所属机构、国有独资企业或国有控股企业发行的债券，其监管部门为发展改革委；短期融资券指企业在银行间债券市场发行和交易并约定在一年期限内还本付息的有价证券，中期票据指具有法人资格的非金融企业在银行间债券市场按计划分期发行并约定在一定期限内还本付息的债务融资工具，而定向债务融资工具指具有法人资格的非金融企业向银行间市场特定机构投资人发行的债务融资工具，此三种类型有价证券的监管部门均为银行间市场交易商协会。本书将以上种类有价证券统称为债券，债券实质性违约指“未及时拨付兑付资金”，包括没有及时兑付利息和本金两种情况[①]。由于债券只有在偿付利息或者债券到期时才会发生实质性违约，因此本书所考察的样本为2011~2021年发生实质性违约以及虽未发生违约但到期的债券。参考现有文献的做法，金融类上市公司发行的债券样本以及数据不全的样本都被删除，经过筛选和整理，最终获得7496只债券样本，样本企业的行业分布见表4-1。如表4-1所示，在所有17个行业中有9个行业的企业发生过实质性债券违约，其中制造业发生违约债券数量最多，占比超过违约债券总数的50%。债券违约数据以及度量金融周期所需的GDP、信贷和房地产价格数据均来自于Wind数据库，债券评级、债券期限、公司特征以及公司财务数据均来自国泰安CSMAR数据库。为消除价格因素影响，本书对GDP、信贷、房地产价格以及企业相应的财务数据均进行了价格平减处理。为控制极端值对实证结果的影响，所有财务指标数据均进行了首尾两端2%的缩尾处理。

表4-1　样本企业所属行业统计分布

行业	总样本		违约样本		
	样本数	占比（%）	样本数	占本行业样本比重（%）	占违约样本比重（%）
农、林、牧、渔业	132	1.761	2	1.515	1.754
采矿业	316	4.216	0	0.000	0.000
制造业	3180	42.423	68	2.138	59.649
电力、热力、燃气及水生产和供应业	898	11.980	2	0.223	1.754
建筑业	412	5.496	1	0.243	0.877
批发和零售业	695	9.272	6	0.863	5.263

① 该定义与Wind关于实质性债券违约的定义一致。

续表

行业	总样本		违约样本		
	样本数	占比（%）	样本数	占本行业样本比重（%）	占违约样本比重（%）
交通运输、仓储和邮政业	756	10.085	10	1.323	8.772
住宿和餐饮业	11	0.147	0	0.000	0.000
信息传输、软件和信息技术服务业	131	1.748	2	1.527	1.754
房地产业	379	5.056	5	1.319	4.386
租赁和商务服务业	46	0.614	0	0 .000	0 .000
科学研究和技术服务业	24	0.320	0	0.000	0 .000
水利、环境和公共设施管理业	127	1.694	0	0 .000	0 .000
居民服务、修理和其他服务业	33	0.440	1	3.030	0.877
卫生和社会工作	3	0.040	0	0 .000	0 .000
文化、体育和娱乐业	31	0.414	0	0 .000	0 .000
综合行业	322	4.296	17	5.280	14.912
总计	7496	100.000	114	1.521	100.000

资料来源：笔者整理。

二、模型设定

由于债券是否违约采用二元变量进行赋值，在实证研究中应采用二元离散选择模型进行回归分析。参考吴世农和卢贤义（2001）、陈德球等（2013）的研究，本书主要采用 Logit 模型进行实证研究。完整的离散选择模型具体设定如下：

$$
\begin{aligned}
Default_{i,t}^{*} &= \beta_1 Cycle_{i,t} + \beta_2 TFP_{i,t-1} + \alpha \boldsymbol{Bond_i} + \gamma \boldsymbol{X_{i,t-1}} + \nu_{i,t} \\
Default_{i,t} &= 1\ , \quad \text{if} \quad Default_{i,t}^{*} > 0 \\
Default_{i,t} &= 0\ , \quad \text{if} \quad Default_{i,t}^{*} \leqslant 0
\end{aligned}
\tag{4-1}
$$

其中，$Default_{i,t}^{*}$ 为潜在变量，当 $Default_{i,t}^{*} > 0$ 时，$Default_{i,t} = 1$，当

$Default_{i,t}^{*} \leqslant 0$ 时，$Default_{i,t}=0$；$Default_{i,t}$ 为债券违约发生与否的二元变量；$Cycle_{i,t}$ 为金融周期指标；$TFP_{i,t-1}$ 为企业的全要素生产率；$\boldsymbol{Bond_i}$ 为债券基本信息的变量；$\boldsymbol{X_{i,t-1}}$ 为其他控制变量（含常数项），为控制潜在的内生性问题，本书参考陈德球等（2013）、许浩然和荆新（2016）的研究，对生产率和企业财务信息变量采取滞后一个会计年度的方法加入模型；$\nu_{i,t}$ 为随机误差项。对于 Logit 模型，$P(\cdot)$ 的形式为：

$$\hat{P}\left(\mathrm{Default_{i,t}}=1\,|\,\mathrm{x_{i,t}}\right)=\frac{\exp\left(\beta_1 Cycle_{i,t}+\beta_2 TFP_{i,t-1}+\alpha\boldsymbol{Bond_i}+\gamma\boldsymbol{X_{i,t-1}}\right)}{1+\exp\left(\beta_1 Cycle_{i,t}+\beta_2 TFP_{i,t-1}+\alpha\boldsymbol{Bond_i}+\gamma\boldsymbol{X_{i,t-1}}\right)} \quad (4-2)$$

其中，$\boldsymbol{X_{i,t}}$ 为模型所有的控制变量，因此，Logit 回归模型可表示为：

$$logit\left(p_{i,t}\right)=\ln\left(\frac{p_{i,t}}{1-p_{i,t}}\right)=\beta_1 Cycle_{i,t}+\beta_2 TFP_{i,t-1}+\alpha\boldsymbol{Bond_i}+\gamma\boldsymbol{X_{i,t-1}}+\nu_{i,t} \quad (4-3)$$

对于 logit 模型，各变量的边际效应采用下式计算：

$$\frac{\partial Prob\left(y=1\,|\,\overline{X}\right)}{\partial X}=\Lambda\left(\overline{X}'\beta\right)\left[1-\Lambda\left(\overline{X}'\beta\right)\right]\beta \quad (4-4)$$

其中，$\Lambda(\cdot)$ 为 Logistic 累积分布函数。

三、相关变量定义

（一）被解释变量

参考姚红宇和施展（2018）的做法，本书将债券违约定义为债券发生实质性债务违约，实质性债务违约指“未及时拨付兑付资金”，包括没有及时兑付利息和本金。根据该定义，本书所研究的 7496 只债券发生实质性债务违约的有 114 只，违约债券占比为 1.521%。

（二）核心解释变量

本书的核心解释变量有两个，分别是代表外部宏观金融环境的金融周期和代表企业生产率水平的全要素生产率。

本书金融周期的度量参考 Drehmann 等（2012）、陈雨露等（2016）的相关研究，具体度量过程如下：首先，对平减后的私人部门信贷、私人部门信贷 /GDP 和房地产价格进行标准化处理。其次，对标准化后的数据进行 CF 滤波[①]，将滤波后的周期项作为各个指标的周期波动。最后，采用主成分分析法将得到的三列周期波动数据合成为金融周期。本书采用两种方法来度量金融周期对债券违约的影响。第一种方法将合成的金融周期直接放入模型中；第二种方法参考陈雨露等（2016）的做法，将金融周期划分为不同的区域，采用虚拟变量的形式加入模型。由于本书样本仅包含 2011~2021 年的数据，此处仅考虑金融周期顶部区域，其中顶部区域按照如下方法定义：

$$peak_t = 1\ ,\quad \text{if}\quad fcycle_t \geqslant \sigma \qquad (4\text{-}5)$$

$$peak_t = 0\ ,\quad \text{if}\quad fcycle_t < \sigma \qquad (4\text{-}6)$$

其中，$peak_t$ 为在 t 年位于金融周期的顶部区域，$fcycle_t$ 为采用主成分分析法合成的金融周期项，σ 为金融周期项的标准差。本书的实证分析以第二种方法度量的金融周期为主，以第一种方法度量的金融周期做稳健性分析。图 4-3 为我国 1991~2022 年的金融周期走势。从中可以看出，在样本期间内我国金融周期在国际金融危机之前波动较小，虽然在 2002 年出现了传统意义上的“波峰”，但该阶段的“波峰”远低于 2020 年的“波峰”，按照陈雨露等（2016）的研究，不属于金融周期顶部区域。2008 年，在全球金融危机的冲击下，我国金融周期迅速见底，而随着我国一系列刺激政策的陆续实施，我国金融周期走势在国际金融危机之后迅速上升，并在 2020 年到达本轮金融周期顶部。2020 年之后，我国金融周期开始进入下行区间，但 2022 年仍处于金融周期顶部区域。

从科布—道格拉斯生产函数来看，产出不仅仅是各种生产要素的函数，还会受到生产率的冲击。由于生产率和生产要素之间存在相关性，获得生产函数的一致性估计需要处理生产率冲击和生产要素之间的内生性问题。Olley 和 Pakes（1996）提出的 OP 方法将企业的当期投资作为生产率的代理变量，解决了生产要素和生产率的内生性问题。此外，OP 方法还考虑了企业的进入和退出，在一定程度上控制了样本选择的偏误。但由

① 参考 Drehmann 等（2012）的做法，将 CF 滤波窗口设定为最小值 8 年、最大值 30 年。

于投资无法完全反映生产率的变化，OP 方法估计的生产率可能存在偏误。Levinsohn 和 Petrin（2003）在 OP 方法的基础上提出了 LP 方法，该方法将中间投入作为代理变量，有效地解决了投资无法准确反映生产率变化的问题。参照 Levinsohn 和 Petrin（2003）的设定，LP 回归的具体方程设定如下：

$$\ln\left(Y_{i,t}\right)=\beta_0+\beta_l\ln\left(L_{i,t}\right)+\beta_k\ln\left(K_{i,t}\right)+\beta_m\ln\left(M_{i,t}\right)+\omega_{i,t}+\eta_t \quad (4-7)$$

参考刘莉亚等（2018）的研究，其中 $Y_{i,t}$ 为企业销售收入；$L_{i,t}$ 为企业员工人数；$K_{i,t}$ 为资本投入，用固定资产账面价值表示；$M_{i,t}$ 为中间投入，采用销售额减去折旧、劳动者报酬、生产税净额和营业盈余来度量。

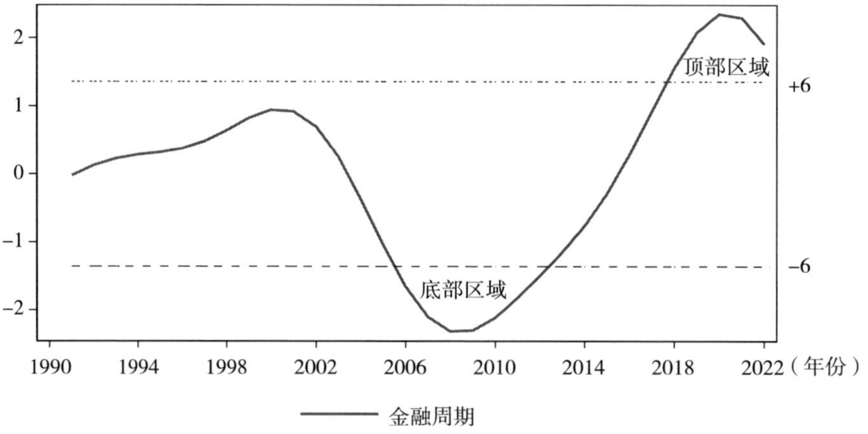

图 4-3　中国金融周期

基于稳健性的考虑,本书也采用 OP 方法计算的生产率来做稳健性分析。本书收集整理了中国所有 A 股非金融类上市公司 2009~2020 年的相关财务数据，分别采用 LP 和 OP 方法获得各个企业不同年份的生产率，最后将生产率数据和债券数据按照企业和年份进行一一匹配。为全面展示所有 A 股非金融类上市公司和发行债券上市公司生产率的分布特征，本书分别绘制了采用 LP 和 OP 方法计算的生产率的核密度函数（见图 4-4）。从图 4-4 可以看出，采用 LP 和 OP 两种方法计算出来的生产率均表明发行债券的企业平均具有更高的生产率。

（三）控制变量

参考现有关于企业债券违约的研究（陈德球等，2013；许浩然和荆新，2016；姚红宇和施展，2018），本书的控制变量包括债券基本信息和债券发行企业相关指标两个层级。债券基本信息包括债券期限和债券评级两个指标，由于短期债券和长期债券具有不同的评级标准，本书采用企业主体评级信息来代替债券评级情况。企业财务指标包括反映企业偿债能力的资产负债率和流动比例、反映企业盈利能力的资产收益率、企业性质、董总兼任以及企业规模指标。

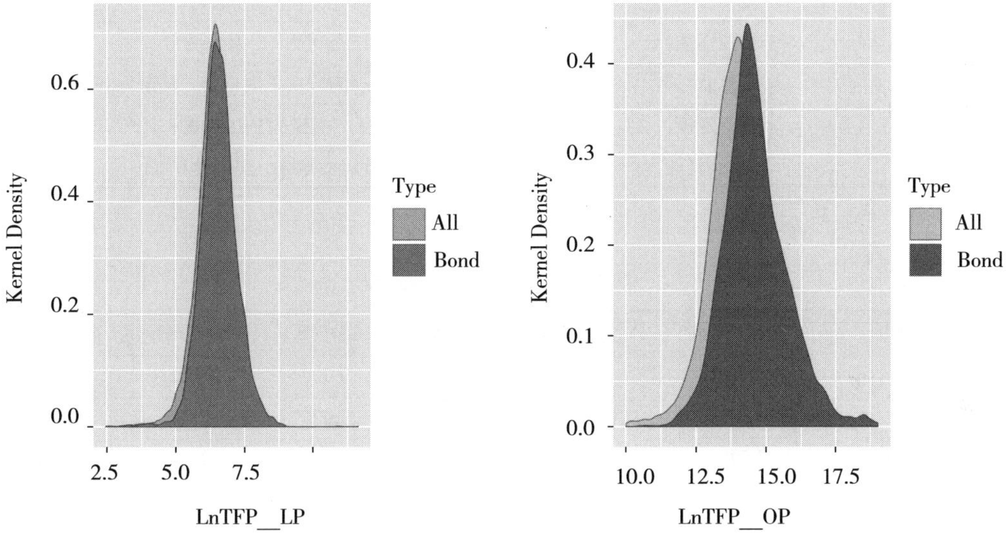

图 4-4 所有 A 股企业和发行债券企业生产率的核密度函数

注：图中 All 代表所有非金融类上市公司，Bond 代表发行债券的上市公司。

上述各变量的名称、类型、定义和说明如表 4-2 所示，表 4-3 为各变量的描述性统计。从表 4-3 可以看出，金融周期指标和债券违约之间具有显著的正相关关系，初步验证了本书的假设 H_1；全要素生产率和债券违约具有显著的负相关关系，从而初步印证了本书的假设 H_2。

表 4-2　变量定义及说明

变量类型	变量名称	变量定义和说明
债券特征	债券违约	债券发生实质性违约取 1，其余为 0
	债券期限	从起息日到到期日之间的时间长度
	债券评级	C 类取值为 1，从 C 类到 AAA 类依次加 1
外部因素	金融周期顶部区域	金融周期大于其波动一个标准差时取 1，其余取 0
	金融周期	参考 Drehmann 等（2012）和陈雨露等（2016）计算
公司特征	全要素生产率	采用 LP（OP）方法计算的全要素生产率
	资产负债率	总负债 / 总资产
	资产收益率	净利润 / 总资产
	流动比率	流动资产 / 流动负债
	企业性质	国有上市公司为 1，其余为 0
	董总兼任	董事长和总经理为同一人时取 1，其余为 0
	资产规模	企业资产规模的自然对数
	周期性行业	周期性行业取 1，其余为 0

资料来源：笔者整理。

表 4-3　变量描述性统计

变量	样本量	均值	标准差	最小值	中位数	最大值
债券违约	7496	0.015	0.122	0.000	0.000	1.000
金融周期顶部区域	7496	0.606	0.489	0.000	1.000	1.000
金融周期	7496	1.234	1.247	–1.825	1.907	2.347
全要素生产率（LP）	7429	8.820	2.356	2.918	9.098	15.197
全要素生产率（OP）	7429	10.091	2.019	3.246	10.150	15.611
债券评级	7326	17.217	2.033	0.000	17.000	20.000
债券期限	7489	1.595	1.701	0.020	0.750	10.000
资产收益率	7496	0.027	0.043	–0.213	0.026	0.132
资产负债率	7496	0.618	0.147	0.237	0.637	0.922
流动比率	7495	1.021	0.510	0.175	1.004	2.728
企业性质	7496	0.592	0.491	0.000	1.000	1.000
董总兼任	7496	0.564	0.496	0.000	1.000	1.000
资产规模	7496	24.542	1.445	21.519	24.439	28.055
周期性行业	7496	0.121	0.326	0.000	0.000	1.000

资料来源：笔者整理。

第五节　金融周期、全要素生产率与债券违约的实证分析

一、基准回归结果及分析

与第三章中金融危机的研究相同，债券是否违约采取二元变量进行赋值表示，当控制时间和行业效应时，也会由于“完美预测”问题而删除从未发生过债券违约的行业以及年份对应的观测值，导致研究样本的大幅缩减。因此，在基础回归模型中本书未控制时间和行业效应。出于稳健性考虑，本书将控制时间和行业特征的结果放在稳健性检验部分。

表4-4为金融周期顶部区域和全要素生产率对债券违约影响的回归结果。其中，模型（1）中仅加入了金融周期顶部区域核心解释变量，模型（2）中仅加入了全要素生产率这一核心解释变量，模型（3）中加入了两个核心解释变量，模型（4）在模型（3）基础上进一步加入所有的控制变量。

表4-4　金融周期、全要素生产率与债券违约

变量	模型（1）	模型（2）	模型（3）	模型（4）
	违约	违约	违约	违约
金融周期顶部区域	3.202*** （0.586）		3.077*** （0.587）	2.301*** （0.612）
全要素生产率（LP）		−0.240*** （0.036）	−0.179*** （0.034）	−0.113** （0.057）
债券评级				−0.190*** （0.032）
债券期限				0.311*** （0.060）
资产收益率				−2.081* （1.195）

续表

变量	模型（1）	模型（2）	模型（3）	模型（4）
	违约	违约	违约	违约
资产负债率				3.037*** （1.159）
流动比率				−0.625* （0.337）
企业性质				−2.699*** （0.440）
董总兼任				−0.389 （0.251）
资产规模				0.160 （0.104）
常数项	−6.890*** （0.578）	−2.212*** （0.286）	−5.314*** （0.647）	−7.463*** （2.369）
样本量	7496	7429	7429	7251
伪 R^2	0.076	0.034	0.100	0.413
Wald χ^2	89.870	40.550	117.460	421.308
AUC	0.686	0.678	0.790	0.952

注：标准误均为稳健标准误；*、**、*** 分别代表参数在 10%、5%、1% 水平上显著；AUC 为判断模型预测效果的统计量；除金融周期顶部区域、债券评级和债券期限外，其余解释变量均为滞后一期变量。

资料来源：笔者整理。

由表 4-4 可知，金融周期顶部区域系数在 1% 水平上显著为正，表明在金融周期顶部区域，企业发生债券违约的概率显著大于其他时期，本书理论假设 H_1 得到验证；全要素生产率系数在 1%~5% 水平上显著为负，表明全要素生产率越高的企业发生债务违约的概率越小，因此，本书理论假设 H_2 得到验证。

从表 4-4 模型（4）的结果来看：根据式（4-4）可以算出，金融周期顶部区域变量对债券违约概率的平均边际影响为 0.0222，即在金融周期顶部债券违约概率增加了 2.22%；全要素生产率对债券违约概率的平均边际

影响为 –0.001，企业全要素生产率每提升一个百分点债券违约概率下降 0.1%。可见，金融周期和全要素生产率对债券违约的影响是重大的。此外，各控制变量的结果也符合预期：债券评级系数在 1% 水平上显著为负，说明评级越高的企业发行的债券违约概率越小，表明企业评级信息可以有效反映企业发行债券的风险程度；债券期限在 1% 水平上显著为正，说明长期债券面临更高的违约风险；资产收益率系数在 10% 水平上显著为负，表明资产收益率越高的企业发生债券违约的概率越小；资产负债率指标在 1% 水平上显著为正，说明过度负债经营的企业更容易发生债券违约；流动比率在 10% 水平上显著为负，说明充足的流动资产有助于减小企业发生违约的概率；企业性质指标显著为正，说明由于政府对国企存在普遍的隐性担保行为，国有企业发生债券违约的概率显著小于非国有企业；董总兼任指标为负，说明控制权力集中的企业发生违约的概率较小；资产规模指标为正，说明大企业发生债券违约的概率较大，可能的原因为大企业发行的债券规模普遍大于中小企业，在面临融资约束时更难获得足够的融资来偿还债务。

二、异质性分析

（一）周期性行业样本的异质性分析

周期性行业指容易受到经济周期以及行业周期影响的行业，该类行业一般具有需求弹性大、供给弹性小、投资规模大、建设周期长以及资本密集度高等特点。以上特点使得周期性行业对债务融资尤其是长期债务融资具有较强的依赖性。此外，由于周期性行业在短期内很难调整生产以及资本结构，当外部融资环境趋紧时更容易发生系统性运营风险。鉴于此，本书进一步分析了周期性行业企业债券违约概率受金融周期和全要素生产率的影响。参考裘丽和张建平（2016）的研究，本书将采矿业，交通运输、仓储和邮政业，房地产业，以及制造业门类下的石油加工、炼焦和核燃料加工业，非金属矿物制品业，黑色金属冶炼和压延加工业，有色金属冶炼和压延加工业界定为周期性行业。由于上述周期性行业发行的债券均在金融周期顶部区域发生违约，无法单独采用周期性行业子样本进行回归分析，本书引入周期性行业虚拟变量以及周期性行业虚拟变量和金融周期顶部区域的交互项来考察金融周期对周期性行业债券违约概率的影响。由于上述周期性行业中国有企业占比过高，本书回归分析中没有包含企业性质变量，回归结果如表 4-5 中模型（5）所示。

表 4-5　周期性行业和非国有企业样本结果

变量	模型（5）：周期性行业企业样本		模型（6）：非国有企业样本	
	系数	标准误	系数	标准误
金融周期顶部区域	2.156***	（0.606）	2.143***	（0.620）
Peak × *Industry*	10.702***	（1.274）		
周期性行业	–11.815***	（1.368）		
全要素生产率（LP）	–0.236***	（0.066）	–0.134**	（0.063）
债券评级	–0.257***	（0.031）	–0.159***	（0.033）
债券期限	0.340***	（0.055）	0.300***	（0.066）
资产收益率	–1.822*	（1.043）	–5.122***	（1.578）
资产负债率	3.135***	（1.066）	2.385*	（1.284）
流动比率	–0.031	（0.262）	–0.747**	（0.370）
董总兼任	–0.588**	（0.245）	–0.399	（0.267）
资产规模	0.293***	（0.099）	0.257**	（0.112）
常数项	–9.797***	（2.294）	–9.453***	（2.578）
控制变量	已控制		已控制	
样本量	7251		2886	
伪 R^2	0.354		0.352	
Wald χ^2	361.069		276.953	
AUC	0.935		0.926	

注：标准误为行业聚类稳健标准误；*、**、*** 分别代表参数在 10%、5%、1% 水平上显著；AUC 为判断模型预测效果的统计量；除金融周期顶部区域、周期性行业、债券评级和债券期限外，其余解释变量均为滞后一期变量。其中 *Peak* 代表金融周期顶部区域，*Industry* 代表周期性行业。

资料来源：笔者整理。

从表 4-5 中模型（5）的结果来看，金融周期顶部区域、周期性行业以及金融周期顶部区域和周期性行业的交互项均在 1% 水平上显著。以上结果表明，当金融周期不在顶部区域时，周期性行业企业发生债券违约的概率显著低于其他行业企业，但在金融周期顶部时，其发生债券违约的概率显著高于其他行业企业。从平均边际影响来看，根据式（4-4）可以算出，金融周期顶部区域指标对周期性行业企业发生债券违约概率的平均边际影响为1.07%，而其对非周期性行业企业发生债券违约概率的平均边际影响仅为0.97%。主要原因为，周期性行业多为大企业，相比其他企业具有更强的融资能力，同时，在非金融周期顶部时，往往会积累大量的债务，使得该类企业对外部融资依赖性较强。当金融周期到达顶部时，在外部融资环境开始趋紧的情况下，该类企业更容易发生债务违约。

（二）非国有企业样本的异质性分析

由于政府部门对国有企业存在普遍的隐性担保行为，国有企业违约事件远少于非国有企业[①]。同时，由于国有企业受外部融资环境的影响相对较小，全样本回归结果可能会在一定程度上低估金融周期对非国有企业的影响。因此，本书进一步分析了非国有企业子样本，回归结果如表4-5中模型（6）所示。

模型（6）的结果表明，金融周期顶部变量同样在1%水平上显著为正，全要素生产率系数在5%水平上显著为负。就平均边际效应来说，根据式（4-4）可以算出，在金融周期顶部非国有企业发生债券违约概率增加4.66%，远大于对全样本2.22%的平均边际影响，表明非国有企业受金融周期的影响更大；非国有企业全要素生产率提升一个百分点，其发生债券违约的概率平均减小2.9%，远大于对全样本0.1%的平均边际影响，表明提升全要素生产率更有助于防止非国有企业发生债券违约。债券评级系数在1%水平上显著为负，说明债券评级信息可以有效反映企业发行债券的潜在风险。资产收益率和流动比率系数显著为负，说明盈利能力强和短期偿债能力好的非国有企业发生债券违约的概率较小。资产负债率指标和资产规模指标显著为正，说明在非国有企业中，资产负债率过高、资产规模过大是发生债券违约的一般特征。

---

① 在本书发生实质性违约的43只债券中仅有2只为国有企业发行的债券。

第六节　稳健性检验

一、内生性问题探讨

本书可能存在的内生性问题包括两个方面：一是全要素生产率和债券违约之间可能存在反向因果关系，针对这一内生性问题，前文已将全要素生产率的滞后一期加入模型，有效地控制了这一内生性问题；二是金融周期和债券违约间潜在的双向因果关系，即债券违约反作用于金融周期，造成金融指标的周期性波动。对于后一内生性问题，本书认为金融周期是外部宏观经济变量，而微观企业个体的违约事件很难影响宏观经济变量。但基于谨慎性考虑，本书基于面板 VAR 模型检验了债券违约和金融周期之间的格兰杰因果关系，结果如表 4-6 所示[①]。从表 4-6 可以看出，格兰杰检验结果显示金融周期是债券违约的格兰杰原因，而债券违约不是金融周期波动的格兰杰原因。因此，可以认为债券违约和金融周期之间不存在反向“因果”关系[②]。

表 4-6　金融周期和债券违约的格兰杰因果检验

Panel A：面板 VAR 回归结果				
变量	违约		金融周期	
	系数	标准误	系数	标准误
L. 违约	-0.196	（0.179）	0.146	（0.243）

① 因格兰杰因果检验需要时间序列或者面板数据，本书以发行债券的公司为研究对象来构建面板数据模型，并将违约定义为：只要公司在 t 年有一只债券发生违约，就将该公司当年的违约赋值为 1。同时，考虑到金融周期顶部区域指标为非连续性变量，本书在此采用合成的金融周期进行格兰杰因果检验。

② 虽然格兰杰因果反映的是变量间的相关关系，但从一定程度上可以用于检验反向“因果”关系，其背后的逻辑为：金融周期是债券违约的格兰杰原因，代表用前期的金融周期数据可以预测债券违约的发生；债券违约不是金融周期的格兰杰原因，则基于前期的债券违约数据不能预测后期金融周期的走势，即债券违约不能影响金融周期。

续表

Panel A：面板 VAR 回归结果				
L. 金融周期	0.006***	(0.002)	0.911***	(0.028)
外生变量	已控制		已控制	
样本量	4049		4049	
Panel B: 格兰杰因果检验结果				
检验方向	Wald χ^2	显著水平（P）	滞后阶数	检验结论
金融周期 → 债券违约	7.286***	0.007	1	因果效应显著
债券违约 → 金融周期	0.359	0.549	1	因果效应不显著

注：标准误均为稳健标准误；*、**、*** 分别代表参数在 10%、5%、1% 水平上显著。

资料来源：笔者整理。

二、更换相关变量的稳健性检验

在上述基本分析中，本书采用金融周期顶部区域指标进行金融周期的度量。为验证以上结论的稳健性，接下来本书采用合成的金融周期来替代金融周期顶部区域指标进行稳健性检验，相关结果见表 4-7 中模型（7）。从中可以看出，金融周期指标在 5% 水平上显著为正，说明金融周期越靠近顶点，发生债券违约的概率越大。从其他变量来看，全要素生产率、债券评级、债券期限、资产收益率等变量符号和显著程度均未发生明显变化，说明替换金融周期指标后本书结论具有稳健性。

为进一步验证上述基本分析结论的稳健性，接下来采用 OP 方法测算的全要素生产率替换 LP 方法测算的全要素生产率，回归结果如表 4-7 中模型（8）所示。从中可以看出，采用 OP 方法测算的全要素生产率指标在 5% 水平上显著为负，说明全要素生产率越高的企业发生债券违约的概率越小。从其他控制变量来看，无论是系数的符号还是其显著程度均未发生明显变化，进一步说明了本书结论的稳健性。

由于加入行业和时间效应会由于“完美预测”问题而导致研究样本的大量删减，前述实证分析中均没有控制行业和时间效应。基于稳健性考虑，本书在此汇报了加入行业和时间固定效应的回归结果，如表 4-7 中模型（9）

所示。从结果来看，金融周期顶部区域在 1% 水平上显著为正，全要素生产率系数在 5% 水平上显著为负，表明在控制行业和年份效应后，金融周期顶部区域和全要素生产率对债券违约仍有显著的影响。和模型（4）的结论一致，债券评级、资产收益率和企业性质均显著为负，债券期限和资产负债率显著为正。以上结果表明，在控制了行业和时间效应以后，本书的主要结论依然成立，进一步验证了本书结论的稳健性。

表 4-7　稳健性检验结果

变量	模型（7）：更换金融周期指标		模型（8）：更换全要素生产率指标		模型（9）：控制行业、时间效应	
	系数	标准误	系数	标准误	系数	标准误
金融周期顶部区域			2.378***	（0.609）	2.233***	（0.614）
金融周期	0.426**	（0.182）				
全要素生产率（LP）	−0.134**	（0.058）			−0.154**	（0.064）
全要素生产率（OP）			−0.067**	（0.030）		
债券评级	−0.201***	（0.032）	−0.189***	（0.032）	−0.164***	（0.035）
债券期限	0.316***	（0.061）	0.323***	（0.059）	0.342***	（0.066）
资产收益率	−2.341*	（1.212）	−1.607	（1.157）	−3.450***	（1.265）
资产负债率	2.663**	（1.139）	4.153***	（1.015）	2.496**	（1.268）
流动比率	−0.601*	（0.335）	−0.293	（0.291）	−0.716*	（0.375）
企业性质	−2.670***	（0.438）	−2.696***	（0.441）	−2.717***	（0.460）
董总兼任	−0.444*	（0.252）	−0.396	（0.251）	−0.482*	（0.266）
企业规模	0.213**	（0.102）	0.202*	（0.110）	0.163	（0.123）
常数项	−6.956***	（2.287）	−9.962***	（2.212）	−19.370***	（4.467）
年份、行业效应	未控制		未控制		已控制	
样本量	7251		7251		6705	
伪 R^2	0.394		0.410		0.446	
Wald χ^2	402.359		418.527		448.137	
AUC	0.947		0.953		0.955	

注：标准误均为稳健标准误；*、**、*** 分别代表参数在 10%、5%、1% 水平上显著；各变量系数均为原始值；AUC 为判断模型预测效果的统计量；除金融周期顶部区域、金融周期、债券评级和债券期限变量外，其余解释变量均为滞后一期变量。

资料来源：笔者整理。

三、考虑“稀有事件偏差”的稳健性检验

和金融危机的研究一样，在本书的研究样本中违约债券占比仅为 1.21%，可能会存在一定程度的“稀有事件偏差”，因此有必要进一步考虑“稀有事件偏差”的稳健性检验。根据现有文献，解决“稀有事件偏差”的方法通常有两种：一种为 King 和 Zeng（2001）等提出的“偏差修正估计”；另一种为假定模型中的随机误差项服从非对称的极值分布，采用“补对数—对数”（Cloglog）模型进行估计来加以修正（Chen，2014）。由于第一种方法无法计算变量的边际影响，本书采用 Cloglog 模型对基准模型进行重新估计，并比较 Logit 模型和 Cloglog 模型边际效应的差异，回归结果如表 4-8 所示。

表 4-8　考虑“稀有事件偏差”的稳健性检验

变量	模型（10）：Logit 模型			模型（11）：Cloglog 模型		
	系数	标准误	边际影响	系数	标准误	边际影响
金融周期顶部区域	2.301***	（0.612）	0.0222	2.274***	（0.602）	0.0247
全要素生产率（LP）	-0.113**	（0.057）	-0.0011	-0.128***	（0.048）	-0.0014
债券评级	-0.190***	（0.032）	-0.0018	-0.164***	（0.022）	-0.0017
债券期限	0.311***	（0.060）	0.0030	0.277***	（0.054）	0.0030
资产收益率	-2.081*	（1.195）	-0.0201	-0.391	（0.698）	-0.0042
资产负债率	3.037***	（1.159）	0.0293	2.334***	（0.866）	0.0254
流动比率	-0.625*	（0.337）	-0.0060	-0.491*	（0.283）	-0.0053
企业性质	-2.699***	（0.440）	-0.0261	-2.988***	（0.477）	-0.0325
董总兼任	-0.389	（0.251）	-0.0038	-0.182	（0.217）	-0.0020
资产规模	0.160	（0.104）	0.0015	0.106	（0.086）	0.0012
常数项	-7.463***	（2.369）		-6.072***	（1.983）	
样本量	7251			7251		
伪 R^2	0.413					
Wald χ^2	421.308			407.036		
AUC	0.952			0.950		

注：标准误均为稳健标准误；*、**、*** 分别代表参数在 10%、5%、1% 水平上显著；AUC 为判断模型预测效果的统计量；除金融周期顶部区域、债券评级和债券期限变量外，其余解释变量均为滞后一期。

资料来源：笔者整理。

对比表 4-8 中模型（10）和模型（11）中变量的边际影响可以看出，Logit 模型和 Cloglog 模型的平均边际效应差别较小，核心解释变量的误差在 11.26%~27.26%，且均低估了金融周期和全要素生产率对债券违约的影响。因此，前文基于 Logit 模型的回归得到的结果为金融周期和全要素生产率对债券违约发生概率影响的下限，同时这也会强化本书的研究结论。由于 Logit 模型相比 Cloglog 模型有更多的统计量可用于判断模型的优劣，且现有关于类似稀有事件的研究也多采用 Logit 模型，如关于金融危机（发生频率为 1.01%~3.2%）的文献（Schularick and Taylor，2012）以及关于债券违约（发生频率约为 3.28%）的研究（Chen，2014）均采用 Logit 模型。因此，本书基准回归分析中仍采用 Logit 模型。

四、更换研究样本的稳健性检验

上述分析和稳健性检验均以债券为研究样本，接下来本书采用更换研究样本的方法，以发行债券的上市公司为研究样本进行稳健性检验。对于一个上市公司而言，只要其当年有一只债券发生了实质性违约就记该公司当年为违约样本，由于一个公司在一年内可能有多只债券发生违约，本书在回归分析中删去了代表债券信息的相关变量，回归结果如表 4-9 所示。从结果来看，金融周期顶部区域指标均在 1% 水平上显著为正，全要素生产率相关指标均在 5% 和 1% 水平上显著为负，同样说明在金融周期顶部区域更容易发生债券违约，全要素生产率越高的企业发生债券违约的概率越小。从控制变量来看，资产收益率高的企业以及国有企业发生债券违约的概率较小，资产负债率越高的企业发生债券违约的概率越大。以上结果表明，在更换研究样本后，本书的研究结论依然成立，更进一步验证了本书结论的稳健性。

表 4-9　将研究样本更换为公司样本的稳健性检验结果

变量	模型（12）		模型（13）		模型（14）	
	系数	标准误	系数	标准误	系数	标准误
金融周期顶部区域	1.926***	0.601	1.893***	0.676	1.868***	0.679
全要素生产率（LP）	−1.051**	0.503	−1.131**	0.482		

续表

变量	模型（12）		模型（13）		模型（14）	
	系数	标准误	系数	标准误	系数	标准误
全要素生产率（OP）					−0.958***	0.342
资产收益率			−4.926**	2.060	−5.605**	2.289
资产负债率			1.027***	0.280	1.126***	0.274
流动比率			−0.208	0.522	−0.189	0.439
企业性质			−2.853***	1.008	−2.616***	0.936
董总兼任			−0.017	0.586	0.013	0.568
资产规模			0.574***	0.189	0.858***	0.253
常数项	−1.557	2.974	−13.567***	3.480	−13.653***	3.352
样本量	5253		5253		5253	
企业数	698		698		698	
伪 R^2	0.201		0.916		0.933	
AUC	0.8064		0.8965		0.9027	

注：标准误均为稳健标准误；*、**、*** 分别代表参数在 10%、5%、1% 水平上显著；各变量系数均为原始值；AUC 为判断模型预测效果的统计量；伪 R^2 为 McKelvey & Zavoina's R^2；除金融周期顶部区域外，其余变量均为滞后一期变量。

资料来源：笔者整理。

第七节　本章小结

自 2014 年存在于我国债券市场的“刚性兑付”打破以来，日益增多的实质性债券违约事件逐渐成为我国金融市场上不容忽视的风险点，任其发展下去可能形成系统性金融风险。然而，现有文献关于实质性债券违约这一金融风险的研究尚存不足，难以为消除该系统性风险隐患提供更多强有力的对策。有鉴于此，本章从宏观和微观相结合的视角出发，提出了金融周期和全要素生产率影响债券违约的理论设想。在阐释了金融周期和全要素生产率对债券违约产生影响的理论机制的基础上，本章以我国 A 股非金融类上市公司发行的债券为研究样本，采用 Logit 模型对金融周期和全要素生产率影响债券违约的理论设想进行了实证检验。

研究结果表明，本章关于金融周期和全要素生产率影响债券违约的理论设想均得到了理论和实证上的验证，金融周期顶部区域与债券违约显著正相关，金融周期顶部区域发生债券违约的概率显著增加，而企业全要素生产率与债券违约显著负相关，全要素生产率越高的企业发生债券违约的概率越小。进一步的异质性分析发现，金融周期对不同行业以及不同性质的企业发生债券违约的影响存在明显的异质性，金融周期对周期性行业企业和非国有企业债券违约概率具有更高的平均边际影响。以上结论表明：第一，金融因素在企业债务违约中扮演着重要的角色，金融周期这一宏观变量能够准确衡量企业面临的外部金融环境，实时监测金融周期走势有助于提前防范风险。第二，全要素生产率是企业基本面和高质量发展的重要指标，预防企业债务违约的一个根本途径在于引导企业提升全要素生产率，走高质量发展之路。在当前债券违约事件多发以及我国积极推动经济高质量发展的背景下，本章的研究结论对于防范化解金融风险以及推动我国经济高质量发展具有一定的启示意义。

第五章

房地产周期与地方政府债务风险[a]

① 本章主要内容发表于《北京社会科学》2022年第7期。

第一节 引言

本书第三章和第四章分别研究了金融周期对金融危机以及债券违约的影响，研究结论表明，金融周期对金融危机和债券违约均有重要影响。由于缺少构建地级市层级金融周期指标的相关变量，本章从金融周期重要组成部分——房地产周期的角度来研究我国地方政府债务风险的形成机制和影响因素。

我国地方政府债务始于20世纪80年代初，各地方政府主要通过建设债券、银政合作和融资平台借款等方式进行融资，为我国经济发展发挥了不可磨灭的作用（何杨和满燕云，2012；Lu and Sun，2013）。但近年来，随着我国地方政府债务规模迅速扩张，地方政府债务的违约风险已成为国内外密切关注的重要问题。总的来看，我国地方政府债务规模的急速扩张以及违约风险的积累主要是在1994年分税制改革以后才逐渐凸显。分税制改革一方面大幅减少了地方政府收入份额，另一方面却没有相应地减少地方政府的事权，从而造成了地方政府财权与事权不匹配的情况。地方政府财权和事权的不匹配导致地方政府在促进本地经济发展以及推动城市化建设进程中产生对土地财政的过度依赖，并导致我国地方政府债务规模在过去10余年间迅速膨胀。据国家审计署2011年和2013年的全国地方政府性债务审计结果，截止到2010年底，我国地方政府债务规模约为10.72万亿元，而到了2013年6月底这一数字就跃升至约17.89万亿元。急速膨胀的地方政府债务规模，加剧了人们对地方政府债务的违约风险的忧虑。据审计署《2013年第32号公告：全国政府性债务审计结果》数据计算，我国部分地区地方政府负债率（年末债务余额/GDP）已经超过《马斯特里赫特条约》里60%负债率的警戒线。随着举债规模的扩大，我国地方政府偿债压力日益沉重，过度举债所产生的风险累积将严重威胁经济社会的健康运行（王俊，2015）。不仅如此，债务违约一直都是全球性金融危机的重要源头。当巨额的债务规模超过地方政府的承受能力后地方政府出现实质性违约，可能会导致政府信用破产，甚至引发金融危机等系统性金融风险（Alesina and Tabellini，1992）。

针对日益严峻的债务风险问题，全国人大常委会于 2014 年 8 月通过了《预算法》的修改决定。新的《预算法》赋予了地方政府一定的发债权，并通过限额管理和风险预警机制的方式防止地方政府债务风险积累和扩大。从此，地方政府开启市场化举债融资之路。2014 年底，国务院发布的《国务院关于加强地方政府性债务管理的意见》中明确允许各地区可申请发行地方政府债券置换来降低债务利息负担，但由于债务规模大、债务涉及主体多以及程序复杂等，债务置换进度缓慢，效果欠佳，局部债务风险问题仍未得到很好的解决（唐云锋和刘清杰，2018）。财政部公布数据显示，截至 2019 年 11 月末,全国地方政府债务余额 21.33 万亿元。从以上数据来看，近年来我国地方政府债务虽然在增长率上得到了有效的控制，但在债务规模上仍处于高位。而从债务率的角度来看，截至 2018 年末，我国地方政府负债率约为 79.28%，虽整体上未超过国际通行的 100% 负债率的警戒线[①]，但贵州、青海等省份的债务率已经超过 100%。说明我国地方政府债务风险虽整体上可控，但局部风险依然严峻。因此，科学地对我国地方政府债务风险做出合理的评价，厘清债务风险的成因和背后的机制有助于更好地控制当前地方政府债务风险，更好地发挥地方债务的融资功能，以支持我国经济高质量发展。

第二节　地方政府债务风险研究综述

地方政府债务风险很早就引起了国外学者的关注。Brixi（1998）将政府债务分为直接负债、或有负债、显性负债与隐性负债四种类型，并据此制定了政府债务风险矩阵来分析政府债务风险问题。Plekhanov 和 Singh

① 负债率=地方政府债务余额/(地方政府一般预算收入+税收返还+转移性支付+政府性基金预算收入+国有资本经营预算收入)。

（2006）指出，“公共池”问题[①]、软预算约束以及政府之间的竞争是地方政府债务风险失控的主要原因。还有学者认为，高水平的公共债务会带来融资成本增加、资源错配程度加深以及降低政府对未来不利冲击的财政反应规模和效力，进而增加经济动荡（Cecchetti et al.，2010）。关于我国地方政府债务风险，学者们从风险认知、风险形成理论以及风险影响因素等多个方面进行了深入研究。

一、我国地方政府债务风险的认知

在关于我国地方政府债务风险的认知方面，Wu（2014）认为，我国地方政府债务规模与经济增长之间具有显著的门限效应，超过门限值则不利于经济发展。我国当前多数地方政府的债务规模远低于门限水平，但部分地方政府的债务规模已经接近门限水平，说明局部风险依然严峻。同样，Jiang 和 Xu（2014）认为，虽然我国地方债务总体上得到控制，但由于一些地区的债务比率已超过 100%，局部债务危机的爆发率仍然较高。庞晓波和李丹（2015）将债务负担率作为度量政府债务风险的基础，研究发现我国地方债整体风险虽整体可控，但未来一段时期仍将呈现超常规增长的趋势，还预计 2019~2022 年可能成为地方政府债务风险的集中爆发期。还有学者从资源错配的角度对我国地方政府债务风险进行分析，认为我国地方政府债务期限以中短期为主，而资金投向的回收期限较长，从而导致债务融资与偿还高度依赖土地收入以及“借新还旧”等现象相当普遍，债务与资产期限错配导致流动性风险突出（陈志勇等，2015）。此外，Zhang 和 Barnett（2014）则认为，中国在应对国际金融危机过程中采取了大规模的刺激措施，虽然这些措施使中国很好地度过了全球金融危机，但由于这些刺激措施主要是预算外支出，并不体现在总体财政数据中。

① 部分地方政府债务违约引起的问题将由其他地方政府来共同承担，从而导致道德风险问题，增加了地方政府过度融资的动机。

二、我国地方政府债务风险形成机制

关于我国地方政府债务形成机制方面，学者们主要从财政分权、土地财政以及晋升激励的视角进行分析。理解我国地方政府债务风险的生成机理是对地方政府债务风险问题进行有效管理的前提和基础。本章通过梳理现有关于我国地方政府债务风险生成机理的相关文献发现，多数学者认为财政分权的体制环境、官员晋升激励的政治体制、宏观政策和债务管理制度是导致我国地方政府债务风险的主要原因。

（一）财政分权的体制环境导致对土地财政过度依赖

一般来说，财政分权指依据中央和地方政府承担的事权和政府职能划分相应的支出责任和税收管理权。1994 年的分税制改革对我国中央和地方政府间的税收收入进行了重新分配，政府间的财权转移导致地方政府预算内收入被严重压缩。同时，由于地方政府承担了过多的事权，造成其财力与对应的事权不匹配的情况。各地方政府为满足其地方经济建设的需要开始举借债务并导致其债务规模出现超常规增长，进而债务风险集中高发（安春明，2009；贾康等，2010；蔡玉，2011；邱栎桦和伏润民，2015）。在 1995 年版《预算法》预算平衡和不列赤字的硬性约束下，地方政府不得不采取一些直接或间接的融资来填补超支产生的隐性赤字。通过土地出让以及将土地作为抵押发行平台债等“土地财政”模式逐渐成为地方政府预算外收入的主要来源（周飞舟，2006；罗必良，2010；王叙果等，2012）。地方政府对土地财政模式的依赖进一步导致土地价格刚性，在经济发展稳定繁荣时期，土地价格上升可能引发地方政府盲目过度举债（何杨和王蔚，2015）。土地财政收入越高，地方政府越倾向于通过地方融资平台进行融资，导致其债务规模快速扩张（戴双兴和吴其勉，2016）。此外，由于土地价格的下跌会降低地方政府的土地出让收入和土地资产价值，从而增大了地方政府的偿债压力（李玉龙，2019）。在此背景下，土地价值与地方政府的偿债能力高度相关，进而影响地方政府的债务风险（贾俊雪和郭庆旺，2011）。杨灿明和鲁元平（2013）认为，我国地方债务存在三大潜在风险，分别是个体风险难以监控、存在大量的隐性债务以及对土地财政的过度依赖。此外，我国地方债务风险还体现在偿还方式单一以及对土地收入和土地出让收入过度依赖等方面（庞保庆和陈硕，2015）。同时，由于融资平台公司普遍缺乏盈利能力，债务偿还主要依赖“借新还旧”等进一步加重了地方政府发生财政风险的隐患（卫志民，2014）。

（二）宏观政策性因素导致地方政府被动负债

2008 年金融危机后，我国实施了相对宽松的金融和货币政策，期望通过宽松的宏观经济政策刺激我国经济增长。然而，在地方政府“财权”和发债权受到限制的情况下，地方政府承受着巨大的筹资压力，通过创设各种投融资平台进行融资成为地方政府的必然选择。宏观经济刺激政策的实施成为地方政府举债融资的重要原因，并加剧了地方政府债务规模的膨胀和地方政府债务风险（魏加宁，2010）。伏润民和缪小林（2014）同样认为，宏观刺激政策加剧了我国地方政府债务扩张的问题。他们认为，为应对 2008 年国际金融危机对我国经济的影响，我国不仅推出了积极的财政政策还推出了适度宽松的货币政策，这一政策组合导致大量的货币信贷资金通过政府融资平台公司进入固定资产投资项目，进一步导致地方债务出现超常规增长。

（三）债务管理制度因素

从债务管理制度的视角考察，地方政府债务管理缺乏严格的制度约束，对债务举借、使用、偿还和监管等环节的约束缺失是地方政府债务增长与风险失控的重要原因。刘尚希（2010）指出，地方政府缺少风险可控的、有效的投融资体制是引发我国地方政府债务问题的关键因素，而投融资体制机制的不健全进一步放大了地方政府的债务风险，因此，地方政府债务风险与我国的债务管理体制机制密切相关。还有学者认为，地方政府债务风险主要来自于财政风险与举债决策缺少监督、监管机制不健全以及不完善的政府绩效评价和监督体系（周业安，2009；于海峰和崔迪，2010；苏明等，2011）。此外，陈志勇和陈思霞（2014）则认为，财政预算缺乏有效约束是地方政府普遍过度负债的主要原因。

三、我国地方政府债务风险的识别、测度与影响因素

地方政府债务风险问题在一定程度上会转化为金融机构风险问题，导致金融机构坏账率增加，甚至可能导致银行体系出现危机。当前，我国地方政府债务已成为财政、金融系统稳定的隐患，可能引发一系列连锁反应并危害国民经济健康发展和社会稳定。因此，围绕地方政府债务风险的识别与测度的研究得到了学术界广泛关注。

探讨地方政府债务风险首先需要对风险进行有效的测度，而在探讨债务风险问题之前需要对财政风险问题进行科学的认识。在财政风险研究中，Brixi（1998）将政府面临的财政风险定义为融资压力，并从财政风险视角构建了财政风险矩阵，提出一般来说在预算平衡目标的框架下政府更倾向于选择预算外收入的形式来实现其既定的财政目标，然而，这种依靠预算外收入的形式使得政府面临更大的财政不确定性与财政风险。之后，许多学者从财政风险矩阵的角度对债务水平进行了测算和评价。刘尚希（2003）采用 Brixi（1998）构建的财政风险矩阵分析框架对我国政府债务进行了详细的分类，并在此基础上提出了一个适用于我国国情的财政风险分析框架，最后基于该财政风险框架对我国政府债务风险进行了初步分析，发现我国的财政风险呈现不断扩大的趋势。

不同于国外相关研究对于地方政府债务风险的理解，我国国内学者在研究地方政府债务风险过程中更多地考虑了政府债务失控可能对经济社会带来的其他影响。比如，于海峰和崔迪（2010）认为，地方政府债务风险是指当地方政府受到不确定因素的影响之后，在地方政府难以履行其偿债责任的情况下可能对社会稳定以及经济发展带来的损害。刘尚希（2014）认为，地方政府债务风险是地方政府未来拥有的公共资源价值及其未来收益不足以履行其未来应承担的支出责任和义务时，可能导致经济、社会的稳定与发展受到一定的损害。可见，他们关注的并不仅仅是地方政府债务本身。此外，我国学者还有对于地方政府债务风险的其他认识，如缪小林和伏润民（2013）认为，地方政府债务

风险就是形成危害预期的债务超常规增长。但值得注意的是债务风险来自资金的使用状况，债务规模大并不直接意味着债务风险大（刘尚希，2014）。

在对债务风险的定量评价方法方面。Easterly 和 Yuravlivker（2002）建议，从资产负债表的角度评估风险，并认为采用债务负担比和债务依存度等指标来评价债务风险可能带来较大的偏误，采用资产与负债的差额（资产—负债）以及该差额与 GDP 的比值［（资产—负债）/GDP］两个指标能够准确地评估政府债务风险状况。还有学者通过编制政府“可流动性资产负债表”来评估我国的政府性债务风险，并认为政府债务风险就是政府出现资不抵债和无力支付的违约风险，而积极的财政政策对于降低短期内政府债务风险具有明显效果（沈沛龙和樊欢，2012）。潘志斌（2014）则利用或有权益理论构建了简化的地方政府或有权益资产负债表，并基于该资产负债表测算了我国省级政府的债务违约概率，研究发现了地方政府债务规模与资产价值变动对债务风险的影响。吉富星（2018）基于地方政府有息负债并从债务矩阵视角对我国地方政府债务风险进行了预估，发现我国地方政府债务风险总体可控，但局部风险、流动性风险较为突出。

不同于上述从资产负债表和债务风险矩阵的角度来评价债务风险，我国国内部分学者通过构建政府债务风险预警指标来评价政府债务的风险程度。这种方法按照一定的规则对政府债务相关指标进行加权平均或打分，并以得到的加权平均值或打分结果作为衡量债务风险严重程度的指标。武彦民（2007）构建了包含 16 个指标的债务风险评价体系，并基于该体系研究了我国中央政府 1998~2003 年的财政风险变动情况。其研究结果表明，在这期间我国中央政府的财政风险程度出现了微降。刘蓉和黄洪（2012）基于新增债务比以及债务余额等指标评估了我国地方政府偿还债务的能力，研究结果表明，我国地方政府债务余额虽整体上处于可控范围，但部分地区的新增债务比率远超预警线水平，表明地方政府债务具有一定的潜在风险。庞晓波和李丹（2015）将债务负担率作为测度政府债务风险的基础，将基本赤字率、实际经济增长率和实际利率三个指标通过经验递归的方法得到测度我国中央政府债务风险的相关指标，其研究结果表明我国中央政府的债务风险整体处于可控水平。贾晓俊和顾莹博（2017）采用线性加权综合评价模型并通过 AHP

方法构建了我国地方政府债务风险的预警模型，结果表明，我国部分省份债务风险自 2012 年以来呈增大的趋势。还有学者构建了基于综合指标的地方政府债务风险预警体系，并基于该体系度量了我国各地方政府的债务风险水平，研究结果表明，我国地方政府债务风险水平总体上处于可控状态，但部分省级地方政府风险等级有明显提高（沈雨婷和金洪飞，2019）。此外，还有学者通过神经网络、熵值法以及因子分析法等统计方法构建政府财政风险预警模型。比如，张明喜和丛树海（2009）基于神经网络方法构建了我国政府财政风险的预警模型，并基于该预警模型研究了我国的财政风险水平，研究发现，债务风险是影响我国财政风险的主要因素，而财政收支风险、金融风险和宏观经济风险紧随其后；阮佩婷（2013）通过因子分析法测度我国中部某国家级高新区地方政府融资平台公司的债务风险，研究结论表明该平台公司普遍存在较高程度的债务风险，应该引起重视；杨林和侯欢（2015）运用熵值法对我国省级政府债务风险进行了测度，发现我国东部地区债务规模风险较为突出，而西部地区债务偿还风险较为突出，中西部地区债务管理风险严峻且债务结构风险在全国范围内逐步显现；郭敏和宋寒凝（2020）基于熵值法研究了我国 31 个省份的加权债务总规模，研究结果，表明我国大部分省份地方政府的债务风险处于可控范围之内，但债务负担呈现加重趋势。

此外，还有学者基于结构模型对我国地方政府债务风险进行研究。徐占东和王雪标（2014）将地方财政收入划分为税收收入、土地收入以及其他收入，并基于 KMV 模型对我国省级政府的违约风险进行了评价，分别考察了税收收入、土地收入以及其他收入对政府债务风险产生的影响。洪源和胡争荣（2018）基于 KMV 修正模型从流量和存量双重维度对地方政府偿债能力进行了研究，发现在不考虑地方政府债务存量置换问题的情况下，我国各省份 2015 年和 2016 年的债务违约风险较高，其中，中西部地区的债务违约风险要普遍高于东部地区。夏诗园（2019）采用 KMV 模型对我国 30 个省级政府的债务风险进行了观察，发现经济进入“新常态”之后，财政收入增速下降加大了地方政府债务偿付的潜在压力。李祥云和刘松（2019）探讨了我国地方政府债务违约风险和债务杠杆之间的关系，采用 KMV 模型对我国地方政府债务进行了评估，研究发现，地方政府的债务杠杆水平与地方政府债务违约风险之间存在显著的正相关关系，且财政分权程度、地区经济发展水平、城镇人口占比、房地产依赖程度、市场化程度以及地方政府财政收入占GDP比重等指标均会对地方政府债务风险产生显著的影响。许友传（2018）基于结构化信用风险模型研究了我国地方政府的显性债务和或有债务的结构性风险，研究结果表明，或有债务的不确定触发是我国地方政府债务风险的主要形态，且地方政府的结构性代偿压力在部分时段内明显大于其他时期。梁琪和郝毅（2019）通过构建包含影子银行、土地财政等因素的一般均衡模型，探讨了我国地方政府存量债务置换对宏观经济风险的缓释效果，研究结果表明，经济增速放缓、地方政府资金使用成本过高、土地出让收入不确定性增加是导致我国地方政府债务不可持续的主要因素。

在地方政府债务风险的影响因素的研究中，Feng（2013）从公共财政和政治经济学的角度研究了中国地方政府债务风险，发现较低的财政透明度以及地方民主制度缺乏约束是中国地方政府债务激增的主要原因；Pan等（2017）从制度、政治和经济因素角度研究了中国地方政府债务问题，认为尽管中国政府以投资为导向的经济增长模式取得了令人瞩目的成果，但依靠债务融资的城市化和经济发展模式增加了中国地方债务风险，并可能会损害中国的长远发展；从债务审计的视角出发，陈文川等（2019）基于我国省级政府债务数据，考察了政府债务审计对地方政府债务风险的影响，研究发现，在全国债务审计后，地方政府显性债务风险显著下降，但地方政府隐性债务风险反而显著升高。

此外，地方政府债务风险与城市房地产市场波动之间的关系，也逐渐受到国内外学者的关注。张玉新（2013）指出，地方政府债务融资是以房价和地价上涨作为基础条件，房地产市场下滑会限制地方政府债务融资，从而增加地方政府的债务风险程度。Ang等（2015）利用城投债数据研究发现，中国房地产领域的诸多变量与城投债收益率显著正相关，房地产市场会通过土地影响城投债收益率，因而房地产市场和中国地方政府债务风险息息相关。Ambrose等（2015）研究了中国地方政府融资平台债务的偿付能力与当地住房市场风险之间的联系，发现预期房价上涨较高的地区发行的城投债具有更低的风险溢价。齐天翔和陈瑞（2016）研究发现，房地价值越高的地区，其政府越容易通过抵押土地获得融资，进而导致房地产价值越高的地区其债务规模也越高。还有学者发现，房价对地方债规模的影响存在明显的区域异质性（陈瑞等，2016）。此外，秦凤鸣等（2016）基于我国地级市面板数据研究了房地产价格与地方政府债务风险之间的关系，研究发现，对土地财政依赖越高的地区，其城投债风险溢价受房价的影响也越大。房价越低，城投债风险受房价的影响越大。房价越高，土地财政依赖度越高的地区，其房价对城投债风险的影响越大。

第三节　制度背景与理论机制分析

一、制度背景

我国地方政府债务的出现和发展有着特殊的制度背景。1993 年底，为了缓解我国中央政府自身财力逐渐变弱的困境，国务院印发了《国务院关于实行分税制财政管理体制的决定》，宣布自 1994 年开始实行分税制改革。此次分税制改革对中央和地方两级政府的财权和事权进行了重新划分，并将其中的大税种和主要税种划归中央，使我国的财政格局发生了巨大的变化。1994 年之前，我国地方政府财政收入和财政支出基本上处于平衡状态，而 1994 年开始出现分化，财政支出和财政收入之间的财政缺口“剪刀差”逐渐扩大，财政缺口占财政收入比重迅速上涨到 50% 以上。特别是在 2008 年之后，为应对国际金融危机对我国经济的影响，中央政府推出“4 万亿”经济刺激计划。由于中央政府仅承担“4 万亿”经济刺激计划中 30% 的资金，剩下的资金由地方政府来配套提供，这一经济刺激计划进一步加剧了我国地方政府财权与事权的不均衡性，导致我国地方政府财政收入和财政支出之间这种的“剪刀差”进一步扩大。据 Wind 数据计算，我国 2018 年地方政府财政收支差额高达到 8.35 万亿元，占我国当年 GDP 的 9.27%，地方政府财政缺口规模与地方政府财政收入总额之比超过 80%（见图 5-1）。

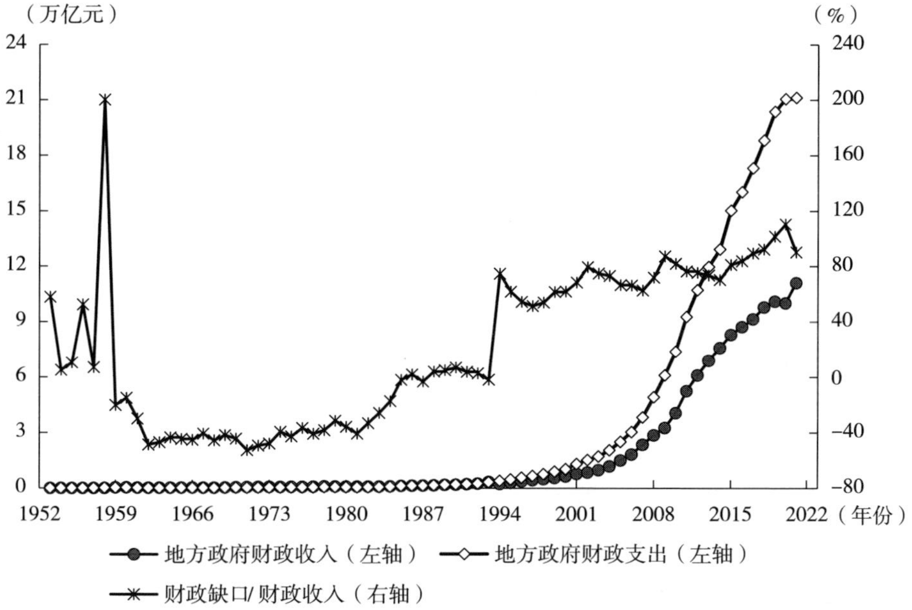

图 5-1　1952~2022 年我国地方政府财政收支及缺口占比变动趋势

资料来源：Wind 数据库，地方政府财政收支数据根据各省公共财政收入合计与公共财政支出合计数据加总得到。

在我国城市化的进程中，地方政府要承担部分公共设施建设的职责，在财政分权的约束下，地方政府财政收入难以满足其公共设施建设所需的巨额资金，因而举债融资成为地方政府的“无奈之举”。然而，1995 年版《预算法》规定地方政府不得采取一些直接或间接的融资来填补超支产生的隐性赤字，使得地方政府既无法直接向公众或者银行融资，也无法通过提供担保来间接获取资金。2004 年，我国各级政府通过开展土地储备工作控制了土地一级市场，为地方政府控制实际土地提供了极大的便利，同时也为政府从土地中获取财政收入奠定了制度基础。自此，国有土地成为地方政府极其优良的抵押物和资产。在此背景下，借助融资平台进行借款的融资方式得到了极快的发展，并成为地方政府债务融资的主体。地方政府融资平台使得地方政府举债发展的原始动机得以实现，在一定程度上解决了地方财政支出的资金缺口，达到了隐性赤字预算的目的（余子良，2013）。地方政府财权与事权的不匹配导致其财政缺口压力不断增加，而财政缺口压力的增加又刺激地方政府增加土地出让面积以及通过提高土地出让价格来缓解其财政压力（Deng et al.，2012）。因此，我国的二元土地管理体制成为地方政府通过债务融资驱动投资热潮的根源（Tsui，2011），而分税制则导致地方政府税收损失增加，从而刺激地方政府通过土地出让以及以土地抵押贷款获得预算外收入（孙秀林和周飞舟，2013）。此外，在我国官员考核晋升机制下，地方政府官员的频繁调动也导致地方官员面临道德风险问题并出现执政能力短视化的现象（罗党论和佘国满，2015）。在晋升压力的驱使下，地方政府官员在任期内更倾向于以土地融资的方式发行长期地方政府债务来缓解其财政压力，并逐渐演变形成以土地为核心的地方政府债务形成机制。

特别是 2003 年之后，随着我国经营性用地“招拍挂”土地出让制度的实施，地方政府可以通过主动调整土地出让规模来控制土地价格进而最大化土地融资总额（郑思齐等，2014）。这一方面提高了地方政府的预算外收入，另一方面也增强了地方政府土地资产的抵押能力，进而形成了巨大的土地红利。这种土地出让收入和土地抵押借款相结合的土地融资模式为我国地方政府持续开展更大规模土地融资创造了条件，逐渐形成了“以地生财，以财养地”的中国特色城市建设投融资模式（郑思齐等，2014）。因此，2003 年之后地方政府对这一融资方式的依赖更加明显，土地出让收入成为地方政府预算外收入的主要来源（见图 5-2）。

1998 年我国正式实施住房商品化改革之后，福利分房制度成为历史，房地产市场开始逐渐发展起来。随着我国城镇化进程的不断推进，城市人口规模迅速增长，住房需求快速增加，导致房价不断升高。同时，住房需求的不断增加也带来了城市基础设施建设、公益事业发展以及公共服务配套等问题，进一步增加了地方政府的举债动机（陈瑞等，2016）。另外，由于我国的房地产调控主要实行因城施策的策略，地方政府对当地房地产市场的调控具有一定的自主性，可以根据当地情况灵活地采取限制购房资格、购买套数以及信贷等方式对房价进行调控。因此，地方政府可以通过对限购政策力度的调整来影响房价（苏英等，2013）。

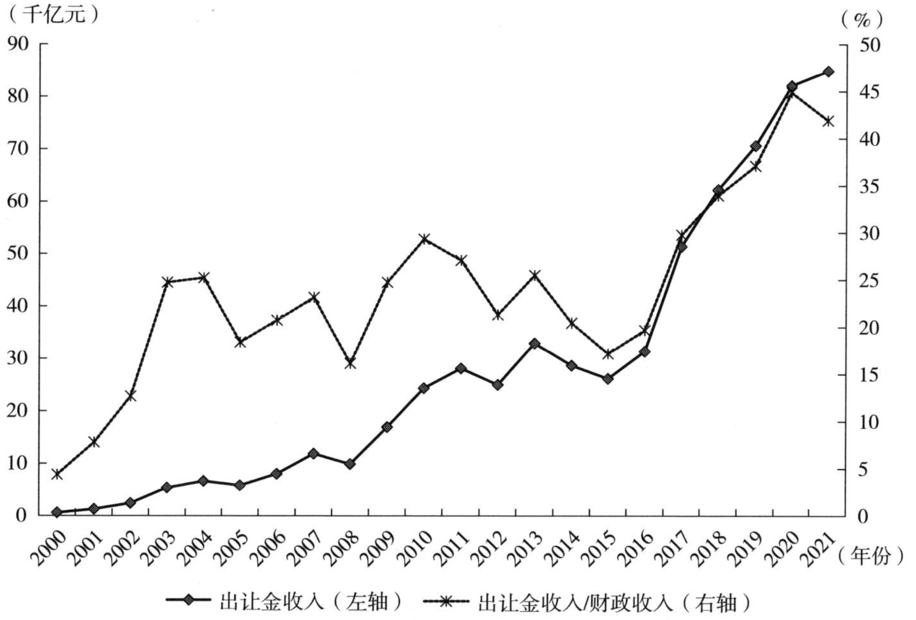

图 5-2 2000~2021 年我国土地出让金收入及其占财政收入比例

注：出让金收入为我国地级市的加总数据。

资料来源：国家信息中心（国信房地产信息网）和国家统计局官方网站。

随着我国土地出让市场的"招拍挂"机制的实施，地价能够随着房价的上涨而上涨（刘民权和孙波，2009）。此外，由于土地是一种生产要素，地价不能直接调节房地产的市场供给和需求，而房价则是一种产品价格，房价变化引致地价变化以及地价通过房价对市场需求与供给进行调节的关系同样表明房价上涨会导致地价上涨（岳晓武和王小映，2006；况伟大和李涛，2012）。当房地产价格上升时，土地价格的上升将直接增加地方政府的土地出让收入。又由于地方政府投资资金的缺口以银行贷款为主，土地价格上升导致地方政府的资产规模不断上涨，进而地方政府可以通过抵押土地获得更多的银行贷款。最终，促进房地产市场的发展成为地方政府偿还其基础设施投资贷款的通道（郭珂，2013），同时，也使得自"招拍挂"土地出让方式正式实施之后，我国土地出让价格和商品房平均售价之间保持长期的依存关系（见图 5-3）。

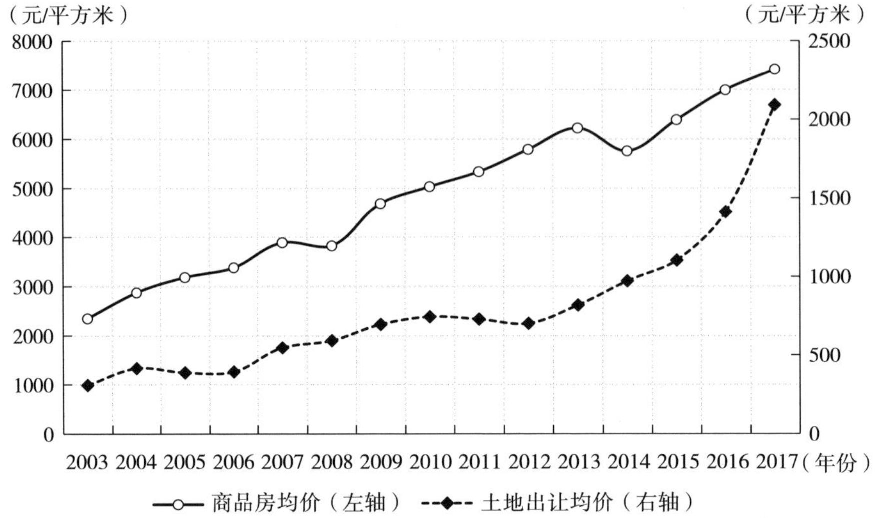

图 5-3　2003~2017 年我国商品房均价与土地出让均价变动趋势

注：均价根据地级市出让面积和出让收入加总数据计算（数据不再更新）。
资料来源：国家信息中心（国信房地产信息网）。

2007 年，美国的次贷危机迅速发展为全球性的国际金融危机，使得全球经济遭受重创。在“保增长、扩内需、调结构”的宏观政策背景下，我国中央政府出台了宽松的货币政策和财政政策，并于 2008 年 11 月提出了“4 万亿”救助计划，而其中的 2.8 万亿元需要地方政府配套筹集。在地方政府财政收入无法提供配套资金的背景下，各地方政府纷纷成立融资平台公司，并通过融资平台公司发行城投债进行融资（魏加宁，2010）。因此，2008 年之后我国城投债的发行量和发行规模进入了快速发展期。2015 年版《预算法》允许省（自治区、直辖市）级政府通过发行地方政府债进行融资，拓宽了地方政府债务融资的渠道，但因其规模并不能满足地方政府发展需要，融资平台继续充当着为地方政府寻求资金来源的角色。

二、理论机制分析

地方政府的土地财政融资模式使得土地成为地方政府债务规模扩张的助推器和催化剂，使得我国地方政府预算外收入高度依赖于房地产市场的繁荣（温海珍等，2010），从而导致地方政府债务风险和房地产部门的风险是绑定在一起的。根据我国地方政府债务与土地市场以及房地产市场的关系，房价和地价风险可以通过“以地生财”和“以房生税”两种渠道来影响地方政府债务风险。

其中，“以地生财”指地方政府通过土地出让和以土地为抵押贷款进行借款的融资模式。和经济周期类似，房地产市场也呈现周期性波动的特点（Baum and Hartzell，2012）。在房地产市场上行期，高房价支持了高地价，而高地价则会带来更高的土地出让金收入以及较大的抵押土地预期清算价值，从而使得地方政府未来偿债的可能性大幅提高，降低其债务风险（刘守英和蒋省三，2005；蒋省三等，2007；龚强等，2011）。地方政府利用土地抵押或担保取得贷款的期限一般较短，因而土地间接融资中广泛存在着“短借长投”的问题，从而增加了贷款机构的流动性风险和产品结构风险。在房地产市场下行期，房价下跌难以对高地价形成支撑，并导致地价同步下跌以及地方政府土地财政收入减少。此外，抵押土地的贬值也使得贷款的展期变得困难。因此，房价下跌导致地价下跌，从而致使土地财政收入减少和土地资产贬值，最终地方政府债务风险大幅提高（张玉新，2013）。因此，地方政府债务风险与房地产市场发展呈现逆周期的特征。

“以房生税”渠道指通过促进房地产市场发展从而获得来自于房地产和建筑业的税收收入①。分税制改革和所得税分享制改革导致地方政府税收收入份额下降，增加了地方政府对营业税的依赖程度。地方政府为解决其资金来源问题开始依靠房地产和建筑业的税收收入（周飞舟，2006）。当房地产市场处于上行期时，房地产市场快速发展并带动与其相关的建筑业快速发展，从而增加了地方政府的税收收入，并进一步降低了地方政府的债务风险；而当房地产市场进入下行期后，房地产市场萎缩并进一步传染到建筑业以及与其相关的第三产业，导致地方政府的税收收入减少，并增加其债务违约风险。同样，“以房生税”渠道的传导也使得地方政府债务风险与房地产市场发展呈现逆周期的关系。

为了更好地解释房地产周期与地方政府债务风险之间的关系，本章接下

① 包括城镇土地使用税、土地增值税、耕地占用税、契税、房产税和营业税等。

来通过构建城投债与房价关系的理论模型来加以说明。城投债属于地方政府的隐性负债，又被称为“准市政债”。城投债发行时地方政府主要以土地使用权作为质押，以土地出让收入作为隐性担保，是地方政府获得信用支持的间接渠道（韩鹏飞和胡奕明，2015）。由于地方政府融资平台缺乏主营业务和充足的固定资产且多无收入来源渠道，导致融资平台本身的偿债能力较弱，高度依赖地方政府的财政收入（齐天翔等，2012）。因此，作为地方政府债务的重要组成部分，城投债可以准确表征地方政府的债务风险程度。

本章参考杨继东等（2018）的方法构建模型，对此机制进行简单的描述。首先，假定融资平台发行城投债的规模为 D，该城投债的票面利率为 i，且城投债均为在到期时一次性还本付息，因此在城投债到期后融资平台需支付城投债投资者的本息和为 $D(1+i)$。在城投债发行市场上，城投债投资者购买城投债至少要满足如下无套利条件：

$$D(1+i_0)=\pi\cdot Res+(1-\pi)\cdot D(1+i) \tag{5-1}$$

其中，i_0 为无风险利率水平，π 为城投债在到期时发生违约的概率，Res 为城投债投资者预期在城投债发生违约时，地方政府作为担保者所偿还的债务额，但仅偿还违约额度的一部分：$0<Res<D$。根据式（5-1）可知城投债的票面利率满足：

$$i=\frac{1+i_0}{1-\pi}-\frac{\pi}{1-\pi}\cdot\frac{Res}{D}-1 \tag{5-2}$$

由于 $Res\in(0,D)$，可以看出城投债的票面利率小于没有任何担保情况下的发行利率。

由于城投债违约概率 π 是内生变量，且与城投债到期后所需支付的本息和正相关。即在其他条件不变的情况下，$D(1+i)$ 越大，城投债发生违约的概率越高。假设城投债违约概率服从如下形式的累积分布函数：$\pi=F\left[D(1+i)\right]$。为了简化分析，假定累积分布函数 $F(\cdot)$ 在区间 $\left[\underline{D},\ \overline{D}\right]$ 上服从均匀分布，且在均衡时城投债本息和 $D(1+i)$ 位于区间 $\left[\underline{D},\ \overline{D}\right]$ 上，因此可知：

$$\pi = \frac{D(1+i) - \underline{D}}{\overline{D} - \underline{D}} \tag{5-3}$$

其中，$\underline{D}$ 表示城投债到期时所需偿还本息和的最小值，在地方政府不发债情况下该值取最小值 0；$\overline{D}$ 表示城投债到期时所需偿还本息和的最大值，当本息和达到该值时城投债发生违约的概率为 1。由于融资平台所发行城投债大都以土地作为质押，并以土地出让收入作为担保，因此，土地出让金规模和城投债发行规模呈正相关关系，在地方政府土地资源不变的前提下，土地价格 P 越高则出让相同面积土地所获金额越多，那么，城投债发行规模也就越大。可知 $\overline{D}$ 为地方政府土地出让价格 P 的增函数。为了进一步简化模型，本章假定 $\underline{D}=0$。因此，城投债的违约概率函数可表示为：

$$\pi = \frac{D(1+i)}{\overline{D}(P)} \tag{5-4}$$

$$\frac{\partial \overline{D}}{\partial P} > 0 \tag{5-5}$$

式（5–1）和式（5–4）共同刻画了城投债发行市场的资金供给特征。由于此模型存在多个均衡，如当城投债票面利率 $i \to \infty$ 时，城投债的违约概率 $\pi = 1$。结合城投债的特征，本章仅考虑违约概率较小的内点均衡。可知城投债市场的资金供给曲线方程为：

$$D = \frac{\left(Res + \overline{D}\right)(1+i) - \overline{D} \cdot (1+i_0)}{(1+i)^2} \tag{5-6}$$

式（5–6）刻画了城投债市场的资金供给特征，仍需要对城投债的需求特征进行进一步刻画。为简便分析，本章假定融资平台对于城投债的资金额需求方程满足下式：

$$D = \varepsilon - k \cdot i \tag{5-7}$$

其中，地方政府对城投债的需求与城投债的票面利率 i 成反比，票面利率越高，则发债需求越小。式（5–6）和式（5–7）共同决定了城投债的市场均衡，假定 $\widetilde{D}$ 为市场均衡时城投债的发行量，$\tilde{i}$ 为均衡时的票面利率，$\widetilde{Res}$ 为均衡情况下债券发生违约时地方政府偿还的债务额。根据式（5–6）可知，在均衡情况下城投债违约概率满足：

$$\pi = \frac{\left(\widetilde{Res} + \overline{D}\right)\left(1+\tilde{i}\right) - \overline{D}\cdot\left(1+i_0\right)}{\left(1+\tilde{i}\right)\overline{D}} = \frac{\widetilde{Res}}{\overline{D}} + 1 - \frac{1+i_0}{1+\tilde{i}} \tag{5-8}$$

将式（5–8）对土地价格 P 进行微分可知：

$$\frac{\partial \pi}{\partial P} = \frac{-Res \cdot \frac{\partial \overline{D}}{\partial P}}{\overline{D^2}} < 0 \tag{5-9}$$

从式（5–9）可以看出，城投债违约概率 π 为土地出让价格 P 的减函数。土地出让价格越高，则地方政府有越多的资金用于偿还融资平台债务，城投债违约风险越小。由于房价和地价是相互加强化、相互促进的，高房价往往会促使地方政府抬高土地出让价格，同时土地价格上涨也会增加房地产开发商的购地成本，并将成本转移到房价上，进一步促进房价上涨，使房价和地价呈正相关关系。因此，在房地产周期上行期，房价升高不断抬升地价，地方政府不仅可以通过出让土地获得更高的出让收入，土地资产价值的升高还可以使得地方政府获取更多的抵押贷款收入，为城投债提供更多违约担保进而降低城投债违约概率。所以，城投债违约风险相对于房地产周期具有逆周期的特征。在房地产周期上行期，房价不断升高，城投债违约概率逐渐变小，房地产周期越靠近周期顶点，地方政府债务违约风险越低。

第四节　地方政府债务风险测算

一、城投债的识别方法

城投债的发行主体一般是地方政府设立的投融资平台公司（城投公司），该类公司具有信用级别高以及投向明确等特点且和地方财政紧密相关。因此，城投债和欧美等国家的市政债券有很多的相似之处，所以经常被认为是中国特色的“准市政债”。作为地方政府隐性债务的重要构成部分，城投债在近年来发展迅速，因而受到了国内外学术界的广泛关注（张莉等，2018）。当前，关于城投债的实证研究越来越依赖于 Wind 口径的城投债数据。然而，Wind 口径城投债数据却存在定义模糊不清且经常变动、未剔除地方融资平台企业名称变更前的债券发行信息以及遗漏或包含非真实地方融资平台的债券发行信息等问题（曹婧等，2019）。为了克服 Wind 口径城投债数据的上述缺陷，以获得尽可能全的城投债样本，本章重新构建了我国地方融资平台公司名单，并基于该名单在债券数据库中匹配，从而得到城投债样本。城投债的识别步骤如下：首先，从 Wind 数据库中导出城投债分类中的 Wind 标准、银监会口径以及中债标准城投债所对应的发债企业名单，并删除发债企业名单中的重复样本。其次，以该发债企业名单为依据，在 Wind 数据库中我国债券市场 2003~2018 年发行的债券名单里进行匹配，并删除匹配成功后的重复样本，最终得到所有城投公司 2003~2018 年的 12638 只债券名单。图 5-4 为 2003~2018 年我国城投债发行状况，从中可以看出，2003 年以来我国城投债的发行数量和发行规模均呈上升之势。

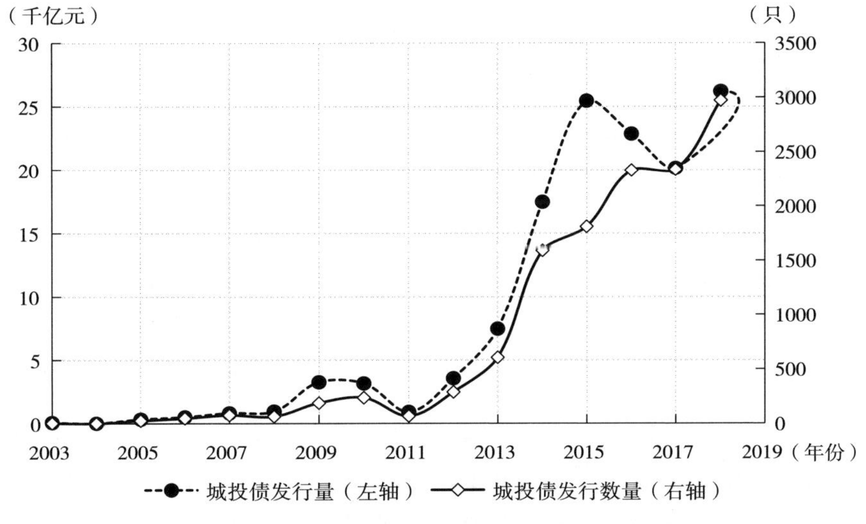

图 5-4　2003~2018 年我国城投债发行状况

资料来源：笔者根据历年新口径城投债数据整理得到。

二、地方政府债务风险测算

鉴于地方政府债务融资缺乏透明性，现有研究多集中于研究地方政府债务的一些特定方面。在地方政府的各种融资方式中，债务融资成为其主要融资方式之一。构建地方政府债务风险指标最重要的是估算地方债务的违约风险，而估算债务违约风险需要有实质性的债务违约事件。但是自1992年上海市开始发行第一只城投债以来我国还未出现城投债的实质性违约事件，如何评价地方政府债务风险成为一个较大的难题。因此，本章借鉴 Ang 等（2015）的方法，采用城投债收益率价差来解决这一难题。

首先假设城投债的收益率价差等于城投债的收益率与和其具有相同期限结构的国债收益率之差：

$$Spread_{ij}(t)=Yield_{ij}^{CTB}(t)-Yield_{i}^{CGB}(t) \tag{5-10}$$

其中，$Spread_{ij}(t)$ 为 j 城市发行的城投债 i 在 t 时的收益率价差，$Yield_{ij}^{CTB}(t)$ 为该城投债在 t 时的收益率，而 $Yield_{i}^{CGB}(t)$ 为和城投债 i 具有相同期限结构的国债收益率。鉴于我国城投债市场存在收益率小于国债收益率的现象，导致出现信用利差小于零的情况，由于债券违约风险不会小于零，因此，本章将违约价差小于零的债券设定为 $Spread_{ij}(t)=0$。

对于公司债券，国外文献多采用与其期限结构相匹配的国债收益率作为其无风险收益率。但在我国债券市场上，大多数公司债券都找不到与之相匹配的国债，无法直接计算公司债券的无风险收益率（王安兴等，2012）。本章参考 Ang 等（2015）的方法来计算城投债的无风险收益率。具体计算过程如下：首先，采用 Svensson（1994）提出的利率期限结构模型对中国国债收益率进行拟合，得到每个交易日的即期利率曲线[①]；其次，根据城投债的交易日期、到期日、票面利率、付息频率等特征构造与其相匹配的虚拟国债，并根据拟合的国债收益率计算虚拟国债的价格；最后，将根据虚拟国债价格计算得到的到期收益率作为无风险收益率。本章采用的 Svensson 利率期限结构模型设定如下：

---

① Svensson 模型相对于 Nelson - Siegel 的模型误差率更小。

$$f(n,\ \theta)=\beta_0+\beta_1\exp\left(-\frac{n}{\tau_1}\right)+\beta_2\frac{n}{\tau_1}\exp\left(-\frac{n}{\tau_1}\right)+\beta_3\frac{n}{\tau_2}\exp\left(-\frac{n}{\tau_2}\right) \tag{5-11}$$

其中，n 代表到期期限，$\theta=(\beta_0,\ \beta_1,\ \beta_2,\ \beta_3,\ \tau_1,\ \tau_2)$ 为模型的待估参数。基于上述模型的拟合结果得出 t 时刻到期期限为 n 的国债收益率 $r_n(t)$。然后，根据如下公式计算虚拟国债的价格：

$$P_i^{CGB}=\sum_{n=1}^{T}\frac{C_i^{CTB}}{\left(1+r_n(t)\right)^n}+\frac{Par_i}{\left(1+r_T(t)\right)^T} \tag{5-12}$$

对于到期期限为 T 的城投债 i，上式中 P_i^{CGB} 为与其期限结构相对应的虚拟国债价格，并根据虚拟国债的价格计算虚拟国债的收益率 $Yield_i^{CGB}(t)$，C_i^{CTB} 为城投债的票息，Par_i 为城投债的面值。最后，根据式（5-10）来计算城投债 i 的收益率价差，并以此作为城投债违约风险的代理变量。

采用上述方法可以计算城投债在任意时刻的无风险收益率，且该方法为每一只城投债所有的现金流均匹配了与之对应的贴现率，相比仅仅为城投债匹配相同期限的国债收益率的方法，能够得到更为精确的结果。此外，采用这种方法也不必再控制城投债的剩余期限、收益率水平因子以及斜率因子等期限结构代理变量（高强和邹恒甫，2015）。

由于上文在计算债券违约风险溢价时采用交易数据进行计算，因此，计算单只城投债的年度平均违约风险溢价时，需要根据债券交易天数和债券规模进行加权平均。本章采用如下计算方法计算单只债券的年均违约风险溢价：

$$Default_{i,y}^{c}=\frac{\sum_{t=1}^{N_y^c}Spread_{i,t}^{c}\times Scale_{i,t}^{c}}{\sum_{n=1}^{N}Scale_{i,t}^{c}} \tag{5-13}$$

其中，$Default_{i,y}^{c}$ 为 c 城市发行的城投债 i 在 y 年的平均违约风险溢价，N_y^c 为 c 城市发行的城投债 i 在 y 年交易的天数，$Spread_{i,t}^{c}$ 为城投债 i 在 t 日的收益率价差，$Scale_{i,t}^{c}$ 为城投债 i 在 t 日的规模。最后，本章按照地级市和年对单只城投债的年平均违约风险进行加总，构建地级市的年平均违约风险溢价。具体计算参考如下公式：

$$Default_y^c = \frac{\sum_{k=1}^{K^c} Default_{k,y}^c \times Scale_{k,y}^c}{\sum_{k=1}^{N_k} Scale_{k,y}^c} \tag{5-14}$$

其中，$Default_y^c$ 为 c 城市在 y 年所有存续城投债的平均违约风险溢价；K^c 代表 c 城市在 y 年存续的城投债数量；$Scale_{k,y}^c$ 为城投债 k 在 y 年的年均规模。

第五节　样本、变量与模型设定

一、样本来源与处理

本章在选取样本时主要考虑各地级市城投债数据以及房价数据的可得性，并尽可能包含更多的地级市样本。由于 2006 年以前我国城投债样本少且该阶段房价数据严重缺失等，本章选择 2006~2018 年全国 274 个地级市（自治州、盟）样本进行实证分析。其中，计算地方政府债务风险所需的城投债交易数据来自 Wind 数据库（总计 6056455 条日交易数据），国债相关数据来自国泰安 CSMAR 数据库，地方政府债务风险根据城投债数据以及国债数据计算得出。各地级市（自治州、盟）土地出让以及房价相关数据来自国家信息中心（国信房地产信息网）、中国经济数据库（CEIC）以及《中国国土资源统计年鉴》①，各地级市的地区生产总值、人均 GDP、一般预算内财政收入、一般预算内财政支出、外商投资、金融机构存款余额、金融机构贷款余额以及固定资产投资总额等数据均来自于《中国城市统计年鉴》，各省份国有资产规模来自 Wind 数据库，地方官员人事任免数据来自中国研究数据服务平台（CNRDS）。为消除价格因素影响，本章对 GDP、外商投资、房地产价格等数据均进行了平减处理。

① 三个来源的数据进行相互补充与印证。

二、模型设定

为了研究房地产周期对地方政府债务风险的影响，本章构建如下非平衡面板计量模型进行研究：

$$Risk_{i,t}=\alpha+\beta_1 Cycle_{i,t}+\Sigma\gamma \boldsymbol{Control}_{i,t-1}+\nu_p+\delta_t+\varepsilon_{i,t} \quad (5\text{-}15)$$

其中，i 代表地级市，t 代表时间。被解释变量 $Risk_{i,t}$ 为地方政府债务风险变量；$Cycle_{i,t}$ 为采用 CF 滤波得到的房地产周期波动项；$\boldsymbol{Control}_{i,t-1}$ 为控制变量，包括财政收入占比、GDP 增长率、人均 GDP、外商投资占比、国有资产规模、贷存比以及是否换届。为了控制潜在的内生性对回归结果的影响，本章对房地产周期和地方官员是否换届之外的所有变量均采取滞后一年的方法加入模型。除了上述解释变量外，为了控制各省不随时间变化的因素对债务风险的影响，本章还控制了省级固定效应 ν_p；同样，为了控制特定年度影响债务风险的因素，本章还控制了时间固定效应 δ_t，$\varepsilon_{i,t}$ 为随机误差项。考虑到误差项可能存在空间相关性，本章将标准误聚类在地级市层面。

三、相关变量定义及描述性分析

（一）被解释变量：地方政府债务风险变量

当前关于地方政府债务风险的相关研究多将地方政府的债务率或负债率作为其债务风险的代理变量，这两个指标均根据地方政府债务规模进行测算，但债务规模和债务风险之间并不是等价的，债务规模大并不一定意味着债务风险高，从债务规模到债务风险，还需要引入其他因素进行全面测算（刁伟涛和傅巾益，2019）。鉴于此，本章参考 Ang 等（2015）的方法，并基于城投债信用利差构建了地方政府债务风险指标，以此来评价各地方政府债务风险的大小。

（二）核心解释变量：房地产周期

本章主要关注房地产周期对地方政府债务风险的影响，因此，本章的核心解释变量为房地产周期。由于房地产市场结构复杂，难以通过理论模型将趋势项和周期项精确分离，现有研究多参考分离经济周期的方法，采用移动平均滤波法和 HP 滤波以及带通滤波和谱分析等统计方法来分离周期项和趋势项。在关于我国房地产周期的研究中，中国社会科学院“房地产周期波动研究”课题组（2002）研究发现，1981~1996 年我国房地产市场经历了三个周期[①]，且文章预测始于 1997 年的房地产周期于 2008 年走入谷底，第四轮房地产周期长度约为 11 年。基于此，本章首先参考 Witold（2002）的方法，采用 HP 滤波法来分离各地区房地产价格的周期项。

房地产价格的周期项的分离过程如下：

首先，将各地级市的房价数据按照 CPI 平减指数进行相应的平减处理。

其次，为避免房价异常波动带来的影响，将平减后的房价数据按照式（5-15）进行 z-score 标准化处理。

$$z_i = \frac{x_i - \bar{x}}{\sigma_x} \tag{5-16}$$

其中，$\bar{x} = \frac{1}{n}\sum_{i=1}^{n} x_i$，$\sigma_x = \sqrt{\frac{1}{n-1}\sum_{i=1}^{n}\left(x_i - \bar{x}\right)^2}$，$z_i$ 为 x_i 标准化后的值。

再次，将以上标准化后得到的新变量按照 Hodrick 和 Prescott（1997）的方法进行 HP 滤波，从而得到房价的周期项。

最后，基于转折点分析方法来分析各地区房地产周期的长度，发现我国地级市房价周期长度在 6~11 年。鉴于此，本章最终采用 Christiano 和 Fitzgerald（2003）的方法对标准化后的房价数据进行带通滤波（CF 滤波）从而得到房价的周期项。根据中国社会科学院“房地产周期波动研究”课题组（2002）的研究结论以及基于 HP 滤波得到的周期长度，本章将 CF 滤波的窗口设定为最小 6 年和最大 11 年。最终采用 CF 滤波来度量房地产周期主要因为 HP 滤波受异常波动的影响较大，而 CF 滤波可将周期长度设定在一定

① 最短的周期长度为 2 年，最长的周期长度为 6 年。

的范围之内，有效避免了房价异常波动带来的周期定义不清等问题。基于稳健性考虑，本章实证部分将基于 HP 滤波得到的房地产周期用于稳健性检验。

（三）其他控制变量

参考现有关于地方政府债务风险的经典研究（秦凤鸣等，2016；田新民和夏诗园，2017；余应敏等，2018；刁伟涛等，2019），本章的控制变量包括地方财政相关变量、宏观经济相关变量、金融发展相关变量以及地方官员特征相关变量四类。其中，地方财政相关变量以地方政府财政收入占比表示，采用地方政府预算内财政收入与 GDP 的比值来度量。宏观经济相关变量包括 GDP 增长率、人均 GDP（代表地方经济发展水平，采用人均 GDP 取对数表示）、外商投资占比（代表对外开放度，采用外商直接投资与固定资产投资之比来度量）和国有资产规模（代表地方政府财力，采用全省国有资产总额取对数来度量）。金融发展相关变量为金融机构贷存比（代表地方金融机构活跃程度，采用金融机构贷款与存款之比表示，数值越大代表对贷款的需求越强，金融业越发达）。由于我国政绩考核方式以及官员任期较短等原因，地方政府主要领导人的人事任免会影响地方政府债务的发行与偿还，因此地方政府债务风险可能会受地方官员换届的影响（罗党论和佘国满，2015）。鉴于此，本章将地方官员是否换届作为控制变量放入模型。由于市委书记和市长是地级市政府最核心的官员，是否换届采用市委书记或市长是否换届来度量。

为了控制变量的极端值对模型回归结果可能造成的影响，本章对所有非“0–1”型解释变量均进行了首尾两端各 2.5% 的缩尾处理。此外，为了避免“伪回归”造成的影响，本章对所有变量均进行了面板单位根检验，检验结果表明各变量均不存在单位根问题，从而消除了“伪回归”的影响。上述各变量的名称及其定义说明如表 5–1 所示。

表 5–1　变量名称及其定义说明

类型	变量名称	变量英文名称	变量定义及其说明
被解释变量	地方政府债务风险	Risk	基于城投债信用利差构建的债务风险指标
核心解释变量	房地产周期	Cycle	基于各地房价数据并采用 CF 滤波得到的周期项
控制变量	财政收入占比	Inc_ratio	地级市政府预算内财政收入与 GDP 的比值

续表

类型	变量名称	变量英文名称	变量定义及其说明
控制变量	GDP 增长率	Growth	地级市 GDP 实际增速
	人均 GDP	GDP_cap	地级市人均 GDP 取对数来度量
	外商投资占比	FDI_ratio	地级市外商直接投资与固定资产投资之比
	国有资产规模	Capital	全省国有资产总额取对数来度量
	贷存比	Loan_ratio	地级市金融机构贷款与存款之比
	是否换届	Transition	市委书记或市长换届为 1，否则为 0

资料来源：笔者整理。

表 5-2 为各变量的描述性统计。从地方政府债务风险的平均值、中位数以及标准差可以看出，多数地方政府债务风险均处于较低水平。然而，债务风险的最大值是其均值和中位数的将近 4 倍，表明部分地区的债务风险形势十分严峻。从房地产周期的最大值、最小值以及标准差可以看出，房地产周期的最大值约为其标准差的 3.4 倍且其最大值、最小值基本关于 0 呈对称分布的特征。

表 5-2　变量描述性统计

变量	样本量	均值	标准差	最小值	中位数	最大值
Risk	1922	2.587	1.098	0	2.520	9.690
Cycle	1922	−0.022	0.160	−0.501	−0.025	0.539
Inc_ratio	1817	0.081	0.027	0.026	0.076	0.227
Growth	1922	0.094	0.037	−0.123	0.090	0.203
GDP_cap	1795	2.127	0.067	1.915	2.128	2.311
Capital	1733	9.693	0.787	6.169	9.740	11.157
Loan_ratio	1714	0.695	0.168	0.312	0.682	1.508
FDI_ratio	1683	0.034	0.037	0.001	0.022	0.238
Transition	1922	0.281	0.450	0	0	1

资料来源：笔者整理。

表 5-3 为文章所有变量的相关系数，从中可以初步看出，地方政府债务风险与房地产周期呈显著的负相关关系，从而初步印证了本章理论分

析部分得出的结论，即地方政府债务风险与房地产周期之间呈现逆周期的关系。

表 5-3　各变量的相关系数

变量	Risk	Cycle	Inc_ratio	Growth	GDP_cap	Capital	Loan_ratio	FDI_ratio	Transition
Risk	1								
Cycle	−0.05**	1							
Inc_ratio	−0.22***	0.04*	1						
Growth	−0.22***	0.19***	0	1					
GDP_cap	−0.21***	−0.05**	0.34***	−0.21***	1				
Capital	0.0100	−0.22***	0.18***	−0.31***	0.27***	1			
Loan_ratio	−0.22***	0	0.27***	0.0400	0.44***	−0.10***	1		
FDI_ratio	−0.28***	0.09***	0.39***	0.24***	0.31***	0.030	0.13***	1	
Transition	−0.01	−0.04*	0.01	−0.03	0	0.02	−0.02	0	1

资料来源：笔者整理。

第六节　房地产周期与地方政府债务风险的实证分析

在前文的理论机制分析以及实证模型设定的基础上，本节从实证角度考察房地产周期对地方政府债务风险的影响，并对理论机制分析进行实证验证。

一、基本回归结果及分析

表 5-4 为计量模型（5-15）的回归结果。其中模型（1）和模型（2）为仅加入房地产周期变量的回归结果，模型（2）控制了省份和年份固定效应。从回归结果来看，房地产周期变量均在 1% 和 5% 水平上显著为负，初步表明房地产周期和地方政府债务风险之间呈现逆周期的关系。虽然模型（2）控制了时间和省份固定效应，但并未加入其他控制变量。由于地方政府债务风

险不仅会受到房地产周期的影响，还会受到地方政府财政收入、发展水平等因素的影响。因此，参照秦凤鸣等（2016）、田新民和夏诗园（2017）、余应敏等（2018）以及刁伟涛和傅巾益（2019）的研究，本章加入了财政收入占比、GDP 增长率、人均 GDP、国有资产规模、贷存比、外商投资占比以及地方政府核心官员是否换届等控制变量，回归结果见模型（3）和模型（4），其中模型（3）仅控制了时间固定效应，而模型（4）控制了省份和时间固定效应。从模型（3）和模型（4）的回归结果来看，房地产周期变量同样均在 5% 水平上显著为负，说明在房地产周期顶部地方政府债务风险低，进一步表明房地产周期和地方政府债务风险之间呈现逆周期的关系，从而印证了本章理论分析部分得到的结论。从控制变量的回归结果来看，各控制变量的符号也基本符合预期，但在加入省份固定效应之后仅有财政收入占比和人均 GDP 的系数在 1% 水平上显著，其余控制变量均不显著。从模型（4）的回归结果来看：财政收入占比系数在 1% 水平上显著为负，说明财政收入占比越高的地区其政府性债务风险越低。人均 GDP 的系数同样在 1% 水平上显著为负，表明经济发达程度越高的地区其政府性债务风险越小。

表 5-4　房地产周期与地方政府债务风险之间的关系

变量	模型（1）	模型（2）	模型（3）	模型（4）
L. 房地产周期	−0.521**	−0.573***	−0.460**	−0.486**
	（0.204）	（0.207）	（0.209）	（0.213）
L. 财政收入占比			−6.182***	−6.953***
			（1.550）	（2.028）
L. GDP 增长率			−2.672**	−1.659
			（1.214）	（1.344）
L. 人均 GDP			−2.737***	−3.300***
			（0.920）	（1.113）
L. 国有资产规模			−0.209**	−0.459
			（0.085）	（0.341）
L. 贷存比			−0.320	−0.248
			（0.361）	（0.445）
L. 外商投资占比			−0.795	−0.799
			（1.913）	（2.036）

续表

变量	模型（1）	模型（2）	模型（3）	模型（4）
是否换届			0.008 （0.031）	0.007 （0.032）
常数项	3.251*** （0.102）	1.598*** （0.117）	12.133*** （2.005）	15.917*** （4.492）
时间固定效应	Yes	Yes	Yes	Yes
省份固定效应	No	Yes	No	Yes
样本量	1647	1647	1447	1447
城市个数	265	265	237	237
R^2	0.203	0.204	0.235	0.238

注：括号内为地级市层面的聚类稳健标准误；*、**、*** 分别代表参数在 10%、5%、1% 水平上显著；除房地产周期和是否换届变量外，其余解释变量均为滞后一期变量。

资料来源：笔者整理。

二、异质性分析

（一）按照不同区域分组的异质性分析

我国幅员辽阔，因而不同地区经济发展模型存在一定的差异，且中央政府对各地区的支持力度也不尽相同。相对于中西部省份来说，我国东部省份发展水平较高，因而我国对东部省份给予的政府转移支付和基建投资支持相对较少，因此东部省份可能有更强的土地融资动机（张莉等，2018），这可能会导致东部地区更加依赖于“土地财政”融资。因此，东部地区城市相比中西部地区城市可能更加依赖于房地产市场的发展，从而使得房地产周期与东部地区城市的政府债务风险具有更强的逆周期关系。为了检验这一猜想，本章采用东部城市样本和西部城市样本分别进行回归分析，结果见表 5-5 中模型（5）和模型（6）。对比模型（5）和模型（6）的结果可知，房地产周期变量在东部地区样本和西部地区样本中分别在 5% 和 10% 水平上显著为负，且东部地区样本中房地产周期的系数的绝对值大于中西部地区样本，说明房地产周期对于东部地区城市政府债务风险具有更大的边际影响。

表 5-5　异质性分析（按照区域以及经济增长压力分组）

变量	区域异质性		2008 年经济刺激计划	
	模型（5）：东部	模型（6）：中西部	模型（7）：低增长压力	模型（8）：高增长压力
L. 房地产周期	−0.576**	−0.551*	−0.003	−0.531**
	（0.269）	（0.312）	（0.907）	（0.221）
L. 财政收入占比	−7.177***	−5.355*	3.577	−5.758***
	（2.574）	（2.976）	（6.373）	（2.021）
L.GDP 增长率	−3.195*	−0.971	−1.668	−1.667
	（1.862）	（2.364）	（1.496）	（1.574）
L. 人均 GDP	−4.207***	−2.850*	−3.129	−3.504***
	（1.551）	（1.460）	（4.636）	（1.147）
L. 国有资产规模	−0.578	−0.319	−0.154	−0.450
	（0.631）	（0.282）	（0.560）	（0.352）
L. 贷存比	−1.100*	0.152	−0.443	−0.309
	（0.615）	（0.537）	（1.909）	（0.463）
L. 外商投资占比	−1.377	−4.122	−18.348*	−0.628
	（2.228）	（3.494）	（9.981）	（1.992）
是否换届	−0.063	0.063	0.066	0.009
	（0.050）	（0.039）	（0.159）	（0.033）
常数项	20.111***	11.800***	11.857	16.034***
	（7.523）	（4.141）	（9.601）	（4.625）
时间固定效应	Yes	Yes	Yes	Yes
省份固定效应	Yes	Yes	Yes	Yes
样本量	675	772	93	1400
城市个数	101	136	18	219
R^2	0.242	0.296	0.357	0.229

注：括号内为地级市层面的聚类稳健标准误；*、**、*** 分别代表参数在 10%、5%、1% 水平上显著；除房地产周期和是否换届变量外，其余解释变量均为滞后一期变量。

资料来源：笔者整理。

（二）按照经济增长压力分组的异质性分析

2008 年国际金融危机之后，我国中央政府为了刺激经济复苏实施了“4

万亿”救助计划并逐步放开对地方融资平台的管制。由于“4万亿”救助计划中有2.8万亿元需要地方政府配套筹集，在地方政府财政收入无法提供配套资金的背景下，地方政府的土地出让以及城投债的发行急剧增长（魏加宁，2010）。因此，经济刺激计划也可能导致房地产周期和地方政府债务风险之间呈现相关关系。虽然在实证模型中添加年度固定效应可以消除经济刺激计划在全国层面的影响，但本章研究的样本是地级市政府，控制经济刺激计划在全国层面的影响并不能考虑经济刺激计划对不同城市产生作用的异质性。此外，由于增长压力大的城市更有可能利用宏观经济刺激计划来发展经济，并产生对房地产的过度依赖，使得地方政府债务风险和房地产周期之间呈现更为明显的逆周期现象（张莉等，2018）。因此，本章参照杨继东和杨其静（2016）的方法定义了一个高增长压力虚拟变量，并根据该虚拟变量进行分组研究。鉴于经济刺激计划主要在2008年和2009年制定实施，本章通过如下方法定义高增长压力变量：如果一个城市2008年的GDP增长率小于2007年的GDP增长率或者2009年的GDP增长率小于2008年的GDP增长率，则定义该城市属于高增长压力城市，该城市对应的高增长压力虚拟变量取值为1，否则为0。

根据经济增长压力分组的回归结果见表5-5中模型（7）和模型（8）。其中，模型（7）为低增长压力分组的回归结果，模型（8）为高增长压力分组的回归结果。对比高、低增长压力分组的回归结果，房地产周期变量在高增长压力组中系数在5%水平上显著为负，而在低增长压力分组中不显著。其原因为高增长压力分组城市过度依赖土地出让收入以及土地抵押贷款来发展本地经济，从而形成了对房地产的过度依赖。因此，房地产市场的变化与高增长压力城市的债务风险呈现显著的逆周期关系，而对于低增长压力城市政府债务风险的逆周期关系则不明显。

（三）按第二产业占比高低分组的异质性分析

1994年分税制改革之后，政府间的财权转移导致地方政府预算内收入被严重压缩，从而地方政府越来越依赖于地方税收。由于第二产业占比高说明该地区具有较好的工业基础，第二产业占比高的地区能够为地方政府带来更多的地方税收和预算内收入（冀云阳等，2019），从而减轻地方政府对土地财政的依赖。因此，第二产业占比高的地区可能对房地产依赖性较小，从而导致房地产周期对地方政府债务风险的影响较小。对此，本章第二产业占比的平均值将研究样本分为两个部分，其中大于和等于平均值的子样本为第二产业占比高样本，其余为第二产业占比低样本。

按照第二产业占比高低分组的回归结果见表5-6中模型（9）和模型（10）。其中，模型（9）为第二产业占比高分组的回归结果，模型（10）为第二产业占比低分组的回归结果。对比第二产业高、低分组的回归结果来看，房地产周期变量在两个子样本中的系数均在10%水平上显著为负，但第二产业占比高分组的系数的绝对值小于第二产业占比低分组的绝对值，说明对于第二产业占比高的地区，房地产周期对地方政府债务风险的影响较小。

表5-6 异质性分析（按照第二产业占比和土地财政依赖度分组）

变量	按第二产业占比分组		按土地财政依赖度分组	
	模型（9）：占比高	模型（10）：占比低	模型（11）：依赖度低	模型（12）：依赖度高
L. 房地产周期	−0.488*	−0.749*	−0.445	−0.732**
	（0.252）	（0.387）	（0.322）	（0.304）
L. 财政收入占比	−6.300**	−5.260*	−8.510***	−2.730
	（2.842）	（3.186）	（3.070）	（2.630）
L.GDP 增长率	−2.044	−2.056	−0.027	−3.479*
	（1.927）	（1.908）	（1.547）	（1.899）
L. 人均 GDP	−2.678*	−5.862***	−2.728**	−3.211*
	（1.439）	（2.017）	（1.342）	（1.705）
L. 国有资产规模	−0.778	0.027	−0.238	−0.874*
	（0.572）	（0.427）	（0.365）	（0.470）
L. 存贷比	−0.050	−0.593	0.408	−1.191*
	（0.491）	（0.682）	（0.489）	（0.639）
L. 外商投资占比	2.508	−1.992	−3.946	1.609
	（2.280）	（3.187）	（2.817）	（2.647）
是否换届	−0.004	−0.007	0.053	−0.070*
	（0.036）	（0.055）	（0.045）	（0.042）

续表

变量	按第二产业占比分组		按土地财政依赖度分组	
	模型（9）：占比高	模型（10）：占比低	模型（11）：依赖度低	模型（12）：依赖度高
常数项	17.664***	16.242**	12.576***	0.000
	（6.476）	（6.834）	（4.398）	（0.000）
时间固定效应	Yes	Yes	Yes	Yes
省份固定效应	Yes	Yes	Yes	Yes
样本量	770	677	673	774
城市个数	129	108	129	108
R^2	0.305	0.252	0.256	0.294

注：括号内为地级市层面的聚类稳健标准误；*、**、*** 分别代表参数在 10%、5%、1% 水平上显著；除房地产周期和是否换届变量外，其余解释变量均为滞后一期变量。模型（12）常数项空缺是因为完全共线性而被删除。

资料来源：笔者整理。

（四）按土地财政依赖度分组的异质性分析

房地产周期主要通过影响土地市场来影响地方政府债务风险，土地财政依赖度高的地级市对房地产的依赖更加严重，因而房地产周期与该类地级市之间的逆周期关系较为明显，而对于土地财政依赖度低的城市，其房地产周期和债务风险之间可能不存在显著的逆周期关系。因此，房地产周期对地方政府债务风险的逆周期关系可能随地方政府土地财政依赖度的不同而不同。鉴于此，本章接下来按照地方政府对土地财政的依赖度将研究样本分为两个部分，其中大于和等于平均值的子样本为土地财政依赖度高样本，其余为土地财政依赖度低样本。参考秦凤鸣等（2016）的研究，土地财政依赖度采用土地出让成交价款与地方政府一般预算内财政收入的比值来衡量。

按照土地财政依赖度高低分组的回归结果见表 5-6 中模型（11）和模型（12）。其中，模型（11）为土地财政依赖度低分组的回归结果，模型（12）为土地财政依赖度高分组的回归结果。对比土地财政依赖度高、低分组的回归结果来看，房地产周期变量在土地财政依赖度高分组中在 5% 水平上显著为负，而在土地财政依赖度低分组中不显著。以上结论表明，房地产周期对土地财政依赖度高地区的政府债务风险具有显著的影响，而对于土地财政依赖度低地区的政府债务风险则不具有显著影响。

第七节 稳健性检验

一、替换相关变量的稳健性检验

（一）替换因变量的稳健性检验

Elton 等（2004）发现，债券评级信息不足以解释债券的风险溢价变化，违约风险、流动性风险、税收效应、违约回收率以及债券期限同样是影响公司债券价格的主要因素。Wang 等（2008）将市政债券利差分解为违约利差和流动性利差，发现流动性是影响市政债券定价的因素之一。鉴于此，本章参考王永钦等（2016）的方法，进一步将城投债到期收益率利差分解为违约利差和流动性利差。城投债到期收益率的理论方程设定如下：

$$yield_{i,t}=r_{i,t}+\gamma_{i,t}+\psi_{i,t} \tag{5-17}$$

式（5-17）表明：对于城投债 i，$yield_{i,t}$ 为城投债在时间 t 的到期收益率，根据城投债的交易价格计算；$r_{i,t}$ 为城投债的无风险收益率；$\gamma_{i,t}$ 是城投债违约风险溢价，代表城投债 i 的违约风险；$\psi_{i,t}$ 代表城投债 i 的流动性风险溢价。

由于城投债的流动性风险溢价无法被直接观测到，需要间接地加以识别。参考 Dick-Nielsen 等（2012）和王永钦等（2016）的方法采用 Amihud 测度、IRC 测度和高低价差来度量流动性风险。其中，Amihud 测度指标由 Amihud（2002）构建，被广泛应用于证券市场的流动性测算，该指标定义为：$Amihud_{i,m}=\left(\sum_t\left|R_{i,d}\right|/Vol_{i,d}\right)/N_m$，其中 $R_{i,d}=\left(P_{i,d}-P_{i,d-1}\right)/P_{i,d-1}$，为城投债 i 在 d 日的日收益率；$Vol_{i,d}$ 为城投债 i 在 d 日的成交量，N_m 是城投债 i 在其所在月度的交易天数。该指标旨在捕捉由交易量导致的对债券价格的冲击效应，流动性越强的债券，其价格受交易量的冲击越小，因此，Amihud

测度值越大，债券的流动性越小，流动性风险越高。IRC 测度被定义为：$IRC=\left(P_{\max}-P_{\min}\right)/P_{\min}$，其中 $P_{\max}$ 和 $P_{\min}$ 分别为债券同一交易日的最高价和最低价，意在衡量债券的交易成本，交易成本越高债券的流动性越小，流动性风险越高。本章取 IRC 测度的月度均值作为债券在月度 *m* 的 IRC 测度。高低价差是城投债 *i* 在 *d* 日成交的最高价与最低价之差，高低价差同样意在捕捉由交易引起的价格波动，价格波动大的债券流动性小，流动性风险高。本章同样取高低价差的月度均值作为债券在月度 *m* 的高低价差的度量。参考 Schwert（2017）的方法，本章采用如下公式将三个流动性风险度量指标合成为流动性测度指标 $\lambda_{i,m}$：

$$\lambda_{i,m}=\sum_{k=1}^{3}\frac{L_{i,m}^{k}-\mu_{i,m}^{k}}{\sigma_{i,m}^{k}} \tag{5-18}$$

参考 Dick-Nielsen 等（2012）的方法，本章对收益率价差和流动性测度根据评级分组进行如下回归，以测度不同评级下流动性测度对债券收益率价差的影响：

$$spread_{i,m}=\alpha^{R}+\beta^{R}\lambda_{i,m}+control_{i,m}+\varepsilon_{i,m} \tag{5-19}$$

其中，$spread_{i,m}=yield_{i,m}-r_{i,m}$，为城投债收益率和与其对应的虚拟国债收益率之差；基于上述根据不同评级的回归得到的系数 β^{R}，本章定义 $\lambda_{i,t}^{T}$ 的 0.5 百分位数代表非常具有流动性的城投债，表示为 $liquidity_{0.5p}$。然后采用如下公式计算不同评级城投债的流动性价差。

$$\psi_{i,t}=\beta^{R}\left(liquidity_{i,t}-liquidity_{0.5p}\right) \tag{5-20}$$

根据式（5-17），城投债的违约风险溢价 $\gamma_{i,t}$ 可以表示为：

$$\gamma_{i,t}=spread_{i,t}-\psi_{i,t} \tag{5-21}$$

式（5-21）间接地识别出了地方政府的债务违约风险溢价。同样采用这种方法计算的违约风险溢价可能会出现小于零的情况，本章将违约风险溢价小于零的债券设定为 $\gamma_{i,t}=0$。①

更换因变量的回归结果见表 5-7 中模型（13）。从回归结果来看，房地产

① 由于不同评级公司的评级标准有一定差异性，按照不同评级来去除流动性风险具有一定的主观性，且采用该方法得到的异常值较多。因此，本书主要采用收益率价差作为债务风险的度量指标。

周期在5%水平上显著为负，表明当控制流动风险溢价之后，房地产周期与地方政府债务风险同样存在显著的逆周期关系。进一步验证了本章结论的稳健性。

表5-7 稳健性检验

变量	模型（13）	模型（14）	模型（15）
	替换因变量	替换房地产周期	不含省会和计划单列市
L.房地产周期（CF）	−0.428**		−0.425*
	（0.207）		（0.236）
L.房地产周期（HP）		−0.157*	
		（0.084）	
L.财政收入占比	−6.049***	−7.087***	−6.015**
	（1.891）	（2.021）	（2.609）
L.GDP增长率	−1.869	−1.457	−2.253*
	（1.304）	（1.356）	（1.362）
L.人均GDP	−3.122***	−3.213***	−3.208***
	（1.023）	（1.116）	（1.066）
L.国有资产规模	−0.490	−0.443	−0.323
	（0.350）	（0.337）	（0.441）
L.贷存比	−0.312	−0.296	0.828*
	（0.384）	（0.443）	（0.434）
L.外商投资占比	−0.715	−0.836	−0.312
	（1.941）	（2.041）	（2.181）
是否换届	−0.013	0.008	−0.004
	（0.029）	（0.032）	（0.036）
常数项	15.174***	15.637***	13.231**
	（4.585）	（4.462）	（5.142）
时间固定	Yes	Yes	Yes
省份固定效应	Yes	Yes	Yes
样本量	1447	1447	1134
地级市个数	237	237	206
R^2	0.228	0.236	0.234

注：括号内为地级市层面的聚类稳健标准误；*、**、*** 分别代表参数在10%、5%、1%水平上显著；除房地产周期和是否换届变量外，其余解释变量均为滞后一期变量。

资料来源：笔者整理。

（二）替换核心解释变量的稳健性检验

由于 HP 滤波受异常波动的影响较大，上述实证分析在研究房地产周期与地方政府债务风险关系的研究中均采用基于 CF 滤波得到的房地产周期。基于稳健性考虑，本章接下来将基于 HP 滤波得到的房地产周期做稳健性分析，回归结果见表 5-7 中模型（14）。从回归结果来看，基于 HP 滤波的房地产周期在 10% 水平上显著为负，表明当更换核心解释变量之后，房地产周期与地方政府债务风险同样存在显著的逆周期关系。更进一步验证了本章结论的稳健性。

二、去除省会和计划单列市样本的稳健性检验

由于省会城市以及计划单列市的行政级别高于一般地级市，且经济发展程度较高具有吸引人才的能力。因此，这类城市的房地产市场发展规律和普通地级市不尽相同。另外，由于省会城市往往肩负着更多促进全省经济发展的任务，省会城市发行的城投债很多是用于全省经济发展的，因此，省会城市城投债的债务风险不能简单地归为省会城市（张莉等，2018）。基于以上考虑，同时也为了确保本章实证结果的稳健性，本章将省会城市和单列市样本删除后重新进行回归分析，结果见表 5-7 中模型（15）。从模型（15）的结果可以看出，房地产周期的系数同样在 10% 的水平上显著为负。因此，房地产周期与普通地级市的政府债务风险同样呈逆周期波动的关系，进一步验证了本章结论的稳健性。

第八节　拓展分析

一、“自发自还”政策的影响

2014 年 5 月，财政部正式批准北京、上海、深圳、青岛等城市以及浙江、

广东、江苏、山东、江西、宁夏等省份试行地方政府债券“自发自还”政策。根据“自发自还”政策的说明，只要发债规模在国务院批准的发债规模限额内，这些试点省份就可以自行组织本地区政府债券发行、支付利息和偿还本金，而非试点省份仍维持由财政部代发的机制。因此，该试点政策势必会对地方政府债务风险产生影响。基于此，本章参考朱莹和王健（2018）的方法，采用如下 DID 计量模型进行分析。

$$Risk_{i,t}=\alpha+\alpha_0 treat_i+\alpha_1 post_t+\alpha_3 treat_i\times post_t+\Sigma\gamma \boldsymbol{X}_{i,t}+\nu_p+\delta_t+\varepsilon_{i,t} \quad (5-22)$$

其中，i 为地级市，t 为时间；被解释变量 $Risk_{i,t}$ 为地方政府债务风险变量；$treat_i$ 为是否为试点地区的虚拟变量，试点地区赋值为 1，其余地区赋值为 0；$post_t$ 为试点发生时间的虚拟变量，试点开始之后取值为 1，否则为 0；$treat_i\times post_t$ 为试点地区和试点时间的交互项，其系数 α_3 为本章关注的核心变量，代表“自发自还”试点对地方政府债务风险的影响；$\boldsymbol{X}_{i,t}$ 为包括房地产周期在内的控制变量。回归结果见表 5-8 中模型（16）。

从回归结果来看，虽然 2014 年后地方政府债务风险整体上提升了（post 变量的系数在 1% 水平上显著为正），但是“自发自还”试点城市的债务风险明显降低（$treat\times post$ 变量的系数在 10% 水平上显著为负）。

表 5-8　拓展分析

变量	模型（16）：“自发自还”的影响		模型（17）：限购政策的影响	
	系数	标准误	系数	标准误
L. 房地产周期	−0.587***	（0.217）	−0.460**	（0.213）
土地财政依赖度			−0.122	（0.075）
限购			−0.554***	（0.132）
土地财政依赖度 × 限购			0.340**	（0.144）
treat	0.216	（0.741）		
treat × *post*	−0.227*	（0.119）		
post	1.370***	（0.287）		
L. 财政收入占比	−6.285***	（1.945）	−6.166***	（2.027）
L.GDP 增长率	−0.905	（1.395）	−0.083	（1.356）
L. 人均 GDP	−3.217***	（1.108）	−3.618***	（1.028）

续表

变量	模型（16）："自发自还"的影响		模型（17）：限购政策的影响	
	系数	标准误	系数	标准误
L. 国有资产规模	–0.480	（0.328）	–0.794**	（0.372）
L. 贷存比	–0.338	（0.443）	–0.012	（0.424）
L. 外商投资占比	–1.561	（1.952）	0.091	（2.051）
是否换届	0.008	（0.031）	0.008	（0.032）
常数项	14.631***	（3.677）	–0.554***	（0.132）
时间固定效应	Yes		Yes	
省份固定效应	Yes		Yes	
样本量	1449		1301	
地级市个数	237		235	
R^2	0.242		0.247	

注：括号内为地级市层面的聚类稳健标准误；*、**、*** 分别代表参数在 10%、5%、1% 水平上显著；除房地产周期和是否换届变量外，其余解释变量均为滞后一期变量。

二、房地产限购政策的影响

由于房地产周期主要通过影响土地市场来影响地方政府债务风险，当土地出让收入受到某种不利冲击时地方政府债务风险会因其土地财政的依赖度不同产生而相应的变化。2010 年以来，我国共有许多城市都出台了限购政策，从而使我们有机会对此进行考察。作为影响房地产市场的负向需求冲击，房地产市场遇冷势必会导致土地市场降温，进而增加对土地财政依赖度高地区的地方政府债务风险。基于此，本章参考张莉等（2018）的研究，构建如下多期 DID 计量模型进行检验：

$$Risk_{i,t} = \alpha + \alpha_0 R_{i,t} + \alpha_1 land_{i,t} + \alpha_3 R_{i,t} \times land_{i,t} + \Sigma\gamma \boldsymbol{X_{i,t}} + \nu_p + \delta_t + \varepsilon_{i,t} \quad (5-23)$$

其中 i 为地级市，t 为时间；被解释变量 $Risk_{i,t}$ 为地方政府债务风险变量；$R_{i,t}$ 为房地产限购政策虚拟变量，如果第 i 个城市在第 t 年时限购政策还在生效则取值为 1，否则为 0；$land_{i,t}$ 为土地财政依赖度，$R_{i,t} \times land_{i,t}$ 为限购政策与土地财政依赖度的交互项，同时其系数 α_3 为本章关注的核心变量，代表房地产限购政策在不同土地财政依赖度情况下对地方政府债务风险的影响；$\boldsymbol{X}_{i,t}$ 为包括房地产周期在内的控制变量。回归结果见表 5-8 中模型（17）。从结果来看，限购政策的系数在 1% 水平上显著为负，说明采取限购政策地级市的政府债务风险小于非限购城市。其原因为实施限购政策的城市多为省会城市以及沿海城市，这类地级市经济较为发达，可以为地方政府债务提供更多的税收收入用于偿还债务，因此，具有更低的债务风险。土地财政依赖度与房地产限购政策交互项的系数 α_3 在 5% 水平上显著为正，说明对于土地财政依赖度越高的城市，当房地产市场遇冷时其政府债务风险越高。进而从侧面说明，对土地财政依赖度越高的地区，其地方政府债务风险受房地产市场波动的影响越大。

第九节　本章小结

2008 年国际金融危机以来，随着我国地方政府债务规模迅速扩张，地方政府债务的违约风险逐渐成为国内外密切关注的重要问题。然而，现有文献关于我国地方政府债务风险的研究尚存不足，难以为消除该系统性风险隐患提供更多强有力的对策。鉴于此，本章从地方政府发行的城投债交易数据出发，构建了我国地级市政府债务风险的评价指标，从而为认清我国地方政府债务风险程度与分布提供了可供参考的数据支撑。进一步地，本章从“土地财政”视角分析了房地产周期影响地方政府债务风险的理论机制，并基于我国 265 个地级市面板数据对这一机制进行了实证研究。

研究结论表明：从地方政府债务风险的时间与空间分布来看，在 2016 年之前我国各地方政府债务风险总体较小，但在 2017 年之后云南、贵州、青海、新疆、河南、山西等部分地区政府债务风险程度明显增加，说明近年来我国局部地方政府的债务风险有不断加重的趋势；从房地产周期与地方政府债务风险的关系来看，房地产周期与地方政府债务风险之间呈现显著的逆周期关系，即房地产市场繁荣时期地方政府债务风险较小。进一步的异质性分析发现，房地产周期对不同区域、不同土地财政依赖度、不同第二产业占比以及不同经济增长压力的城市具有不同的影响。相比来说，东部地区、土地财政依赖度高、第二产业占比低的城市受房地产周期波动的影响更大。同时，稳健性分析表明，以上结论在处理过内生性、调整样本和更换度量指标后依然有效。此外，进一步的拓展分析表明，试行地方政府债券“自发自还”政策显著降低了试点地区的地方政府债务风险，而房地产限购政策显著增加了对土地财政依赖度高地区的政府债务风险。在当前我国地方政府债务风险增加以及我国积极推动经济高质量发展的背景下，本章的研究结论对于防范化解地方政府债务风险以及推动我国经济高质量发展具有一定的启示意义。

第六章

研究结论与政策启示

自20世纪90年代以来，随着各国金融体系的不断变迁，金融活动逐渐形成信息化与网络化的特点，金融系统与实体经济之间的关系也变得更加紧密，国与国之间的经济金融市场关联程度进一步增强。但由于国际市场竞争加剧、资本跨境流动性变化以及各国经济金融战略的差异，全球金融系统在提高资源配置效率的同时也累积了巨大的金融风险。对于我国而言，经济增长持续减速导致实体经济投资回报率下降，催生一些僵尸企业并推动金融风险快速积累。在当前全球经济增速放缓、贸易摩擦不断升级以及欧美等国逆全球化思潮涌动的背景下，人们普遍开始担忧我国的金融风险状况。基于此，本书从经济金融理论出发，充分考虑了周期因素对金融风险的作用与影响，通过翔实的理论机制分析与实证检验来探索影响宏微观金融风险的关键因素。本书的研究不仅有助于为我国金融防风险与经济稳增长政策的制定开拓新的思路，还能为金融风险的后续研究提供新的视角。接下来，本章对前面章节的研究结论以及政策建议进行总结。

第一节　主要结论

本章从金融周期视角研究了金融周期对金融危机和债券违约的影响，以及金融周期重要组成部分——房地产周期对地方政府债务风险的影响，具体的研究内容与结论如下：

第三章系统地梳理了研究金融周期、美联储加息和金融危机的相关文献，基于金融周期和国际金融理论阐释了金融周期和美联储加息对金融危机发生概率的影响机制，并进行了实证检验。研究发现：首先，金融因素在银行危机、债务危机和货币危机的形成机制中均扮演着重要的角色，各类金融危机在金融周期顶部和下降期具有更大的爆发概率。其次，美联储加息在银行危机、债务危机和货币危机的形成机制中均扮演着重要的角色，是影响各国金融危机的重要因素，各类金融危机在美联储加息之后 2~3 年内具有更大的爆发概率。不仅如此，金融周期和美联储加息对各类金融危机的影响在 1997 年前后发生了一定的变化，但在金融周期顶部和金融周期下降期同样更容易爆发银行危机和债务危机。

第四章从宏观和微观相结合的视角出发，阐释了金融周期和全要素生产率对债券违约产生影响的理论机制并进行了实证检验。研究发现：首先，金融周期顶部区域发生债券违约的概率显著增加，而企业全要素生产率与债券违约显著负相关，全要素生产率越高的企业发生债券违约的概率越小。其次，金融周期对周期性行业企业和非国有企业债券违约概率具有更高的平均边际影响。

第五章从地方政府发行的城投债交易数据出发，构建了我国地级市政府债务风险的评价指标，进一步从房地产周期的视角对我国地方政府债务风险的成因以及影响进行了从理论到实证的具体研究。研究发现：首先，2016 年之前我国各地方政府债务风险总体较小，但在 2017 年之后云南、贵州、青海、新疆、河南、山西等部分地区政府债务风险程度明显增加。其次，房地产周期与地方政府债务风险之间呈现显著的逆周期关系，即房地产市场繁荣时期地方政府债务风险较小。不仅如此，东部地区、土地财政依赖度高、第二产业占比低的城市受房地产周期波动的影响更大。最后，地方政府债券“自发自还”政策显著降低了试点地区的地方政府债务风险，而房地产限购政策显著增加了对土地财政依赖度高地区的政府债务风险。

第二节　政策启示

金融是一个国家的核心竞争力，金融安全是国家安全的重要组成部分，是经济平稳健康发展的重要基础。当前，虽然我国金融体系的风险总体可控，但违法违规金融行为、金融体系的不健康现象和国际不确定因素对我国金融体系形成的冲击不断威胁着我国的金融稳定。一旦“灰犀牛”或“黑天鹅”事件引发系统性金融风险，就会对我国的经济社会发展造成严重影响。因此，维护金融安全成为关系我国经济社会发展全局的大事，防范化解金融风险成为我国现阶段金融工作的根本性任务。

基于本书的研究结论，分别对防范化解金融危机风险、债券市场违约风险和地方政府债务风险提出了针对性的政策建议。

一、防范化解金融危机风险的政策启示

根据第三章的实证结论，关于防范化解金融危机风险的政策启示有以下三点：

第一，防范金融周期波动出现大幅的上升和下降是防范金融危机的关键。具体来说，无论是企业还是个人消费者都要避免在信贷宽松阶段借入大量债务，避免金融周期出现过快上涨。而当金融周期已经出现大幅上涨且处于顶部阶段时，要避免过度的信贷紧缩政策。信贷紧缩政策可能会通过金融加速器等效应放大其对经济系统的冲击力度，导致金融周期出现下行，从而加大各类金融危机爆发的概率。因此，在金融周期顶部应以不发生系统性金融风险和守住经济增长底线为前提，采取总体上稳杠杆、结构

性去杠杆的策略，针对不同的市场主体采取差异化、有针对性的去杠杆策略。

第二，实时、动态地监测美联储动向，提前制订有准备的针对性经济金融政策有助于防范各类金融危机。具体来说，各经济体要根据自身情况合理地利用外资以及根据资本用途有针对性地借入相应期限的外债，既要避免在美元利率宽松阶段借入过量外债，也要避免货币错配带来的金融风险。此外，各经济体需深化金融供给侧结构性改革，使金融能够切实发挥好服务实体经济的功能，避免金融脱实向虚，推动经济高质量发展。

第三，要守住经济增长的底线，提高经济增长质量和效率，调节好经济增长和防范金融风险之间的关系。高质量的经济增长是实现金融稳定的重要保障，提高经济增长质量和效率需要实施结构性改革，切实发挥好金融服务实体经济的作用，以及平衡好金融和实体经济回报率之间的关系，把防范和化解金融风险与服务实体经济更好地结合起来，从而避免金融脱实向虚和资产泡沫化，进而激发实体经济活力，实现高质量发展。

二、防范化解债券市场违约风险的政策启示

根据第四章的实证结论，关于防范化解债券市场违约风险的财政启示有以下四点：

第一，要平衡好稳增长和防风险之间的关系，避免采取过度的刺激政策。过度地刺激经济增长会促使实体部门层层加杠杆，导致企业和居民产生对“借新还旧”等再融资方式的过度依赖，增加其在金融周期顶部发生债务违约的概率。只要经济增速与潜在增长率相适应，就不必采取过度的刺激性政策。

第二，在前期存在过度刺激情况下，要在金融周期顶部区域采取稳杠杆政策。过快的去杠杆政策会导致过紧的融资约束，这不仅会增加企业债务违约概率还会降低企业生产积极性，不利于经济高质量发展。要在保障实体经济流动性处于合理水平前提下，采取以时间换空间的策略，在较长一段时期内稳定杠杆率总水平，以平稳渡过金融周期顶部区域。

第三，要确保减税降费政策措施能够落地，发挥好减税降费政策的调节引导作用。减税降费有助于降低企业运营成本，引导企业加大创新投入，

促进企业转型升级。减税降费政策要能够显著减轻企业税费负担，降低企业物流、融资和社保成本，提高研发费用加计扣除比例，以激励企业进行自主研发创新，推动企业高质量发展。

第四，要坚持创新引领发展，加大对基础研究平台的支持力度。基础研究是创新的原动力，但基础研究具有投入周期长和高投资、高风险等特点，单凭企业的力量往往难以维持。政府要加大对科技研发特别是对基础研究平台的支持力度，推进以企业为主体的产学研一体化创新，培育企业创新动能，为企业创新打好前端基础、扫清技术障碍，促进企业提升全要素生产率。

三、防范化解地方政府债务风险的政策启示

根据第五章的实证结论，关于防范化解地方政府债务风险的政策启示有以下两点：

第一，坚持“房住不炒”的定位，构建房地产市场健康发展长效机制，促进房地产市场健康平稳发展。我国地方政府债务风险与房地产周期呈现显著的逆周期关系，当房地产市场进入下行周期后，房价下跌导致地方政府土地收入减少，从而加重其债务风险。因此，制定房地产政策应确保持房地产市场平稳运行。

第二，综合施策，减小地方政府对“土地财政”融资模式的依赖。“土地财政”融资模式是地方政府债务高企的直接原因，因此，处理地方政府债务风险就要减小地方政府对“土地财政”融资模式的依赖。具体来说，一是要进一步完善税制改革，重新划分中央财政和地方财政的权利责任，使地方政府事权和财权相匹配；二是改变以 GDP 增长率为导向的晋升考核制度，将地方政府债务纳入地方政府的财政管理体系中，改变地方政府官员的发债动机；三是积极创新政府债务的融资方式，拓宽地方政府的融资渠道；四是要避免过度去工业化，良好的工业产业基础可以为地方政府带来稳定的税收收入，进而减轻地方政府对“土地财政”融资模式的依赖；五是要优化中央财政转移支付制度，增强地方可支配财力；六是要发展地方政府债券市场，扩大地方政府一般债券和专项债券发行规模，逐渐剥离融资平台的政府融资功能。

参考文献

［1］Aikman D,Haldane A G,Nelson B D, “Curbing the Credit Cycle”,*The Economic Journal*, Vol. 125, No. 585,2015, pp.1072-1109.

［2］Alesina A,Tabellini G, “Positive and Normative Theories of Public Debt and Inflation in Historical Perspective”,*European Economic Review*, Vol. 36, No. 2-3,1992, pp.337-344.

［3］Altman E I, “Financial Ratios, Discriminant Analysis and the Prediction of Corporate Bankruptcy”, *The Journal of Finance*, Vol. 23, No. 4,1968, pp.589-609.

［4］Ambrose B W,Deng Y,Wu J, “Understanding the Risk of China's Local Government Debts and its Linkage with Property Markets”, *SSRN Electronic Journal*, 2015.

［5］Amihud Y, “Illiquidity and Stock Returns: Cross-section and Time-series Effects”, *Journal of Financial Markets*,Vol. 5, No. 1, 2002,pp.31-56.

［6］Ang A,Bai J,Zhou H, “The Great Wall of Debt: The Cross Section of Chinese Local Government Credit Spreads”, *Research Paper, Georgetown McDonough School of Business*, 2015.

［7］Baker D, “The Housing Bubble and the Financial Crisis”, *Real-world Economics Review*, Vol. 46, No. 20,2008,pp.73-81.

［8］Barras R, “A Building Cycle Model for an Imperfect World”, *Journal of Property Research*, Vol. 22, No. 2-3,2005,pp. 63-96.

［9］Barras R, *Building Cycles: Growth and Instability*, Chichester: John Wiley & Sons, 2009.

［10］Baum A E,Hartzell D, *Global Property Investment: Strategies, Structures,*

Decisions, Chichester: John Wiley & Sons, 2012.

[11]Beaver W H, "Financial Ratios as Predictors of Failure", *Journal of Accounting Research*, Vol. 4, No. 1,1966,pp.71-111.

[12]Becchetti L,Sierra J, "Bankruptcy Risk and Productive Efficiency in Manufacturing Firms", *Journal of Banking & Finance*, Vol. 27, No. 11,2003,pp. 2099-2120.

[13]Beck T,Demirgüç-Kunt A,Levine R, "Bank Concentration, Competition, and Crises: First Results", *Journal of Banking & Finance*, Vol. 30, No. 5,2006,pp.1581-1603.

[14]Berg A,Pattillo C, "Are Currency Crises Predictable? A Test", *IMF Staff Papers*,Vol. 46, No. 2,1999,pp.107-138.

[15]Bernanke B,Gertler M, "Agency Costs, Net Worth, and Business Fluctuations", *The American Economic Review*, Vol. 79, No. 1,1989,pp.14-31.

[16]Bernanke B,Gertler M,Gilchrist S, "The Financial Accelerator and the Flight to Quality", *The Review of Economics and Statistics*, Vol. 78, No. 1,1996,pp.1-15.

[17]Bernanke B S, "Nonmonetary Effects of the Financial Crisis in the Propagation of the Great Depression", *The American Economic Review*, Vol. 73, No. 3, 1983,pp.257-276.

[18]Bernanke B S,Gertler M,Gilchrist S, "The Financial Accelerator in a Quantitative Business Cycle Framework", *Handbook of Macroeconomics*, Vol. 1, 1999,pp.1341-1393.

[19]Bhojraj S,Sengupta P, "Effect of Corporate Governance on Bond Ratings and Yields: The Role of Institutional Investors and Outside Directors", *The Journal of Business*, Vol. 76, No. 3, 2003,pp.455-475.

[20]Black F,Cox J C, "Valuing Corporate Securities: Some Effects of Bond Indenture Provisions", *The Journal of Finance*, Vol. 32, No. 2, 1976,pp. 351-367.

[21]Black F,Scholes M, "The Pricing of Options and Corporate Liabilities", *Journal of Political Economy*, Vol. 81, No. 3, 1973,pp. 637-654.

[22]Blanchard O J, "Speculative Bubbles, Crashes and Rational Expectations", *Economics Letters*, Vol. 3, No. 4, 1979,pp.387-389.

［23］Bloom D E,Sachs J D,Collier P,Udry C, "Geography, Demography, and Economic Growth in Africa" , *Brookings Papers on Economic Activity*, Vol. 29, No. 2, 1998,pp.207-295.

［24］Bloom N,Schankerman M,Van Reenen J, "Identifying Technology Spillovers and Product Market Rivalry" , *Econometrica*, Vol. 81, No. 4, 2013,pp.1347-1393.

［25］Bloom N,Van Reenen J, "Measuring and Explaining Management Practices across Firms and Countries" , *The Quarterly Journal of Economics*, Vol. 122, No. 4, 2007,pp.1351-1408.

［26］Bordo M,Eichengreen B,Klingebiel D,Martinez - Peria M S, "Is the Crisis Problem Growing More Severe?" , *Economic Policy*, Vol. 16, No. 32, 2001,pp.52-82.

［27］Bordo M D, "An Historical Perspective on the Crisis of 2007-2008", In *National Bureau of Economic Research*, 2008.

［28］Bordo M D,Haubrich J G, "Credit Crises, Money and Contractions: An Historical View" , *Journal of Monetary Economics*, Vol. 57, No. 1, 2010,pp. 1-18.

［29］Bordo M D,Meissner C M, "The Role of Foreign Currency Debt in Financial Crises: 1880–1913 Versus 1972–1997" , *Journal of Banking & Finance*, Vol. 30, No. 12, 2006, pp. 3299-3329.

［30］Borio C, "The Financial Cycle and Macroeconomics: What Have We Learnt?" , *Journal of Banking & Finance*, Vol. 45, 2014,pp.182-198.

［31］Borio C,Disyatat P,Juselius J, "Rethinking Potential Output: Embedding Information About the Financial Cycle" , *Bis Working Papers*, 2013.

［32］Brixi H P, "Contingent Government Liabilities: A Hidden Risk for Fiscal Stability" , *World Bank Policy Research Working Paper No. 1989*, 1998.

［33］Broner F,Didier T,Erce A,Schmukler S, "Financial Crises and International Portfolio Dynamics" , *The World Bank, Manuscript*, 2010.

［34］Bussiere M,Fratzscher M, "Towards a New Early Warning System of Financial Crises" , *Journal of International Money and Finance*,Vol. 25, No. 6, 2006,pp.953-973.

［35］Cairncross A, "The Glasgow Building Industry（1870-1914）" , *The Review of Economic Studies*, Vol. 2, No. 1, 1934,pp.1-17.

[36]Calvo G A, "Capital Flows and Capital-Market Crises: The Simple Economics of Sudden Stops", *Journal of Applied Economics*, Vol. 1, No. 1, 1998,pp.35-54.

[37]Calvo G A,Leiderman L,Reinhart C M, "Inflows of Capital to Developing Countries in the 1990s", *Journal of Economic Perspectives*, Vol. 10, No. 2, 1996,pp.123-139.

[38]Cecchetti S G,Mohanty M S,Zampolli F, "The Future of Public Debt: Prospects and Implications", *SSRN Electronic Journal*,2010.

[39]Chang R,Velasco A, "Banks, Debt Maturity and Financial Crises", *Journal of International Economics*, Vol. 51, No. 1,2000,pp.169-194.

[40]Chang R,Velasco A, "A Model of Financial Crises in Emerging Markets", *Quarterly Journal of Economics*, Vol. 116, No. 2,2001,pp.489-517.

[41]Chen Q, "Climate Shocks, Dynastic Cycles and Nomadic Conquests: Evidence from Historical China", *Oxford Economic Papers*,Vol. 67, No. 2, 2014,pp.185-204.

[42]Chinn M D,Ito H, "What Matters for Financial Development? Capital Controls, Institutions, and Interactions", *Journal of Development Economics*, Vol. 81, No. 1,2006,pp.163-192.

[43]Christiano L,Motto R,Rostagno M, "Financial Factors in Economic Fluctuations", *European Central Bank Working Paper*, No. 1192,2010.

[44]Christiano L J,Eichenbaum M,Vigfusson R, What Happens after a Technology Shock? In *National Bureau of Economic Research*, 2003.

[45]Christiano L J,Fitzgerald T J, "The Band Pass Filter", *International Economic Review*, Vol. 44, No. 2,2003,pp.435-465.

[46]Claessens S,Kose M A,Terrones M E, "Financial Cycles: What? How? When?" In *IMF Working Papers*, Vol. 2011, No. 76,2011,pp.303-344.

[47]Claessens S,Kose M A,Terrones M E, "How Do Business and Financial Cycles Interact?", *Journal of International Economics*,Vol. 87, No. 1, 2012,pp.178-190.

[48]Collin - Dufresne P,Goldstein R S, "Do Eredit Spreads Reflect Stationary

Leverage Ratios?", *The Journal of Finance*, Vol. 56, No. 5,2001,pp.1929-1957.

[49] Converse N, "Uncertainty, Capital Flows, and Maturity Mismatch", *Journal of International Money and Finance*, Vol. 88, 2018,pp.260-275.

[50] Corsetti G,Pesenti P,Roubini N, "What Caused the Asian Currency and Financial Crisis?", *Japan and the World Economy*, Vol. 11, No. 3, 1999,pp.305-373.

[51] Davis E P,Zhu H, "Bank Lending and Commercial Property Cycles: Some Cross-country Evidence", *Journal of International Money and Finance*, Vol. 30, No. 1, 2011,pp.1-21.

[52] Demirgüç-Kunt A,Detragiache E, "Does Deposit Insurance Increase Banking System Stability? An Empirical Investigation", *Journal of Monetary Economics*, Vol. 49, No. 7, 2002,pp.1373-1406.

[53] Demirgüç-Kunt A,Kane E,Laeven L, "Deposit Insurance around the World: A Comprehensive Analysis and Database", *Journal of Financial Stability*, Vol. 20, 2015,pp.155-183.

[54] Deng Y,Gyourko J,Wu J, "Land and House Price Measurement in China", In *National Bureau of Economic Research*, 2012.

[55] Diamond D W,Dybvig P H, "Bank Runs, Deposit Insurance, and Liquidity", *Journal of Political Economy*, Vol. 91, No. 3, 1983,pp.401-419.

[56] Dick-Nielsen J,Feldhütter P,Lando D, "Corporate Bond Liquidity Before and After the Onset of the Subprime Crisis", *Journal of Financial Economics*, Vol. 103, No. 3, 2012,pp.471-492.

[57] Drazen A,Masson P R, "Credibility of Policies Versus Credibility of Policymakers", *The Quarterly Journal of Economics*, Vol. 109, No. 3, 1994,pp.735-754.

[58] Drehmann M,Borio C E,Tsatsaronis K, "Characterising the Financial Cycle: Don't Lose Sight of the Medium Term!", *Bis Working Papers*, Vol. 68, No. 3, 2012,pp.1-18.

[59] Duffie D,Saita L,Wang K, "Multi-Period Corporate Default Prediction with Stochastic Covariates", *Journal of Financial Economics*, Vol. 83, No. 3, 2007,pp.635-665.

[60] Duffie D,Singleton K J, “Modeling Term Structures of Defaultable Bonds”, *The Review of Financial Studies*, Vol. 12, No. 4, 1999,pp.687-720.

[61] Easterly W,Yuravlivker D, “Evaluating Government Net Worth in Colombia and Republica Bolivariana de Venezuela”, *Ethe World Bank*, 2002.pp.181.

[62] Eichengreen B, “The Origins and Nature of the Great Slump Revisited”, *The Economic History Review*, Vol. 45, No. 2, 1992,pp.213-239.

[63] Eichengreen B,Hausmann R, *Other People's Money: Debt Denomination and Financial Instability in Emerging Market Economies*,Chicago:University of Chicago Press, 2005.

[64] Eichengreen B,Hausmann R,Panizza U, Currency Mismatches, Debt Intolerance, and the Original Sin: Why They Are Not the Same and Why It Matters, In *Capital Controls and Capital Flows in Emerging Economies: Policies, Practices and Consequences*,Chicago:University of Chicago Press, 2007,pp.121-170.

[65] Elton E J,Gruber M J,Agrawal D,Mann C, “Factors Affecting the Valuation of Corporate Bonds”, *Journal of Banking & Finance*, Vol. 28, No. 11, 2004,pp.2747-2767.

[66] Fama E F, “The Behavior of Stock-market Prices”, *The Journal of Business*, 1965,38（1）: 34-105.

[67] Fama E F,French K R, “Multifactor Explanations of Asset Pricing Anomalies”, *The Journal of Finance*, Vol. 51, No. 1, 1996,pp.55-84.

[68] Feng X, “Local Government Debt and Municipal Bonds in China: Problems and a Framework of Rules”, *The Copenhagen Journal of Asian Studies*, Vol. 31, No. 2, 2013,pp.23-53.

[69] Fisher I, “The Debt-Deflation Theory of Great Depressions”, *Econometrica*, Vol. 1, No. 4,1933,pp. 337-357.

[70] Flood R P,Garber P M, “Collapsing Exchange-rate Regimes: Some Linear Examples”, *Journal of International Economics*, Vol. 17, No. 1-2,1984,pp.1-13.

[71] Forbes K J,Warnock F E, “Capital Flow Waves: Surges, Stops, Flight, and Retrenchment”, *Journal of International Economics*, Vol. 88, No. 2,2012,pp.235-251.

[72] Frankel J A,Rose A K, “Currency Crashes in Emerging Markets: An

Empirical Treatment", *Journal of International Economics*, Vol. 41, No. 3-4, 1996,pp.351-366.

[73]Froot K A,Obstfeld M, "Exchange Rate Dynamics Under Stochastic Regime Shifts: A Unified Approach", *Journal of International Economics*, Vol. 31, No. 3-4, 1989,pp.203-229.

[74]Gatti D D,Gallegati M,Greenwald B,Russo A,Stiglitz J E, "The Financial Accelerator in an Evolving Credit Network", *Journal of Economic Dynamics and Control*, Vol. 34, No. 9,2010,pp.1627-1650.

[75]Gertler M, "Financial Structure and Aggregate Economic Activity", *Journal of Money, Credit and Banking*, Vol. 20, No. 3,1988,pp.559-588.

[76]Gertler M,Karadi P, "A Model of Unconventional Monetary Policy", *Journal of Monetary Economics*, Vol. 58, No. 1,2011,pp.17-34.

[77]Gertler M,Kiyotaki N, "Financial Intermediation and Credit Policy in Business Cycle Analysis", In *Handbook of Monetary Economics*, Vol. 3, 2010,pp.547-599.

[78]Gertler M,Kiyotaki N,Queralto A, "Financial Crises, Bank Risk Exposure and Government Financial Policy", *Journal of Monetary Economics*,Vol. 59, No. S17-S34, 2012,pp.547-599.

[79]Giesecke K,Longstaff F A,Schaefer S,Strebulaev I, "Corporate Bond Default Risk: A 150-Year Perspective", *Financial Market Research*, Vol. 102, No. 2, 2012,pp.233-250.

[80]Goldstein M,Turner P,*Controlling Currency Mismatches in Emerging Markets*,New York:Columbia University Press, 2004.

[81]Goodfriend M,McCallum B T, "Banking and Interest Rates in Monetary Policy Analysis: A Quantitative Exploration", *Journal of Monetary Economics*, Vol. 54, No. 5,2007,pp.1480-1507.

[82]Goodhart C,Hofmann B, "House Prices, Money, Credit, and The Macroeconomy", *Oxford Review of Economic Policy*, Vol. 24, No. 1,2008,pp.180-205.

[83]Greenwood R,Hanson S G, "Issuer Quality and Corporate Bond Returns",

The Review of Financial Studies, Vol. 26, No. 6,2013,pp.1483-1525.

[84] Grover R,Grover C, “Property Cycles” , *Journal of Property Investment & Finance*, Vol. 31, No. 5,2013,pp.502-516.

[85] Guha D,Hiris L, “The Aggregate Credit Spread and the Business Cycle” , *International Review of Financial Analysis*, Vol. 11, No. 2,2002,pp.219-227.

[86] Hodrick R J,Prescott E C, “Postwar US Business Cycles: An Empirical Investigation” , *Journal of Money, Credit, and Banking*, Vol. 29, No. 1,1997,pp.1-16.

[87] Hortaçsu A,Syverson C, “Cementing Relationships: Vertical Integration, Foreclosure, Productivity, and Prices” , *Journal of Political Economy*, Vol. 115, No. 2,2007,pp.250-301.

[88] Hoyt H, *One Hundred Years of Land Values in Chicago: The Relationship of the Growth of Chicago to the Rise of Its Land Values, 1830-1933*, Chicago: University of Chicago Press, 1933.

[89] Hsieh C-T,Klenow P J, “Misallocation and Manufacturing Tfp in China and India” , *The Quarterly Journal of Economics*, Vol. 124, No. 4,2009,pp.1403-1448.

[90] Huffman S P,Ward D J, “The Prediction of Default for High Yield Bond Issues” , *Review of Financial Economics*, 1996, 5（1）: 75-89.

[91] Iacoviello M, “House Prices, Borrowing Constraints, and Monetary Policy in the Business Cycle” , *American Economic Review*, Vol. 95, No. 3,2005,pp.739-764.

[92] Iacoviello M, “Financial Business Cycles” , *Review of Economic Dynamics*, Vol. 18,No. 1,2015,pp.140-163.

[93] Iacoviello M,Navarro G, “Foreign Effects of Higher U.S. Interest Rates” , *Journal of International Money and Finance*, Vol. 95, 2018,pp.232-250.

[94]Iacoviello M,Neri S, “Housing Market Spillovers: Evidence from An Estimated DSGE Model” , *American Economic Journal: Macroeconomics*, Vol. 2, No. 2, 2010,pp.125-164.

[95] Isaksson A, “Determinants of Total Factor Productivity: A Literature Review” , *Research and Statistics Branch Staff Working Papers*, 2007.

[96] Jarrow R A,Turnbull S M, “Pricing Derivatives on Financial Securities Subject to Credit Risk” , *The Journal of Finance*, Vol. 50, No. 1,1995,pp.53-85.

[97] Jiang L,Xu Y, "Will China's Local Debt Crisis Break Out? Evidence from Local Government Financing Practice", *International Journal of Business and Commerce*, Vol. 3, No. 10,2014,pp.32-42.

[98] Kaminsky G,Lizondo S,Reinhart C M, "Leading Indicators of Currency Crises", *International Monetary Fund Staff Papers*,Vol. 45, No. 1,1998,pp.1-48.

[99] Kaminsky G L,Reinhart C M, "The Twin Crises: The Causes of Banking and Balance-of-Payments Problems", *American Economic Review*,Vol. 89, No. 3, 1999,pp.473-500.

[100] Kindleberger C P,Aliber R Z, *Manias, Panics and Crashes: A History of Financial Crises*,New York:Palgrave Macmillan, 2011.

[101] King G,Zeng L, "Logistic Regression in Rare Events Data", *Political Analysis*,Vol. 9, No. 2,2001,pp.137-163.

[102] King R G,Rebelo S T, "Appendix to 'Low Frequency Filtering and Real Business Cycles'", *Journal of Economic Dynamics and Control*, Vol. 17,1993,pp.207-231.

[103] King R G,Watson M W, "Money, Prices, Interest Rates and the Business Cycle", *The Review of Economics and Statistics*, Vol. 78, No. 1,1996,pp.35-53.

[104] Kiyotaki N,Moore J, "Credit Cycles", *Journal of Political Economy*, Vol. 105, No. 2,1997,pp.211-248.

[105] Krugman P, "A Model of Balance-of-Payments Crises", *Journal of Money, Credit and Banking*, Vol. 11, No. 3,1979,pp.311-325.

[106] Krugman P,Rotemberg J, "Target Zones with Limited Reserves", In *National Bureau of Economic Research*, 1990.

[107] Krugman P R, "What Happened to Asia?", In *Audio-Visual Centre*, Auckland:University of Auckland, 1998.

[108] Krugman P R, "Balance Sheets, the Transfer Problem, and Financial Crises", In *International Finance and Financial Crises*,Springer, 1999,pp.31-55.

[109] Kydland F,Prescott E, "Business Cycles: Real Facts and a Monetary Myth", *Quarterly Review*, Vol. 14, 1990,pp.3-18.

[110] Kydland F E,Prescott E C, "Time to Build and Aggregate Fluctuations",

Econometrica,Vol. 50,1982,pp.1345-1370.

[111] Laeven L,Valencia F, "Systemic Banking Crises Revisited" , *IMF Working Papers*, 2018.

[112] Lagunoff R,Schreft S L, "Financial Fragility with Rational and Irrational Exuberance" , *Journal of Money, Credit and Banking*, Vol. 31, No. 3,1999,pp.531-560.

[113] Leitner Y, "Financial Networks: Contagion, Commitment, and Private Sector Bailouts" , *The Journal of Finance*, Vol. 60, No. 6,2005,pp.2925-2953.

[114] Levinsohn J,Petrin A, "Estimating Production Functions Using Inputs to Control for Unobservables" , *The Review of Economic Studies*, Vol. 70, No. 2, 2003,pp.317-341.

[115] Li H,Zhou L-A, "Political Turnover and Economic Performance: The Incentive Role of Personnel Control in China" , *Journal of Public Economics*, Vol. 89, No. 9-10,2005,pp.1743-1762.

[116] Long C D, "Seventy Years of Building Cycles in Manhattan" , *The Review of Economic Statistics*, 1936,pp.183-193.

[117] Longstaff F A,Schwartz E S, "A Simple Approach to Valuing Risky Fixed and Floating Rate Debt" , *The Journal of Finance*, Vol. 50, No. 3,1995,pp.789-819.

[118] Lu Y,Sun T, *Local Government Financing Platforms in China: A Fortune or Misfortune?* International Monetary Fund, 2013.

[119] Lucas R E, *Models of Business Cycles*,Basil Blackwell Oxford, 1987.

[120] Madan D B,Unal H, "Pricing the Risks of Default" , *Review of Derivatives Research*, Vol. 2, No. 2-3,1998,pp.121-160.

[121] McDonald CG,Gucht LMVd, "High-Yield Bond Default and Call Risks" , *Review of Economics and Statistics*, Vol. 81, No. 3,1998,pp. 409-419.

[122] McGough T,Tsolacos S, "Property Cycles in the UK: An Empirical Investigation of the Stylized Facts" , *Journal of Property Finance*, Vol. 6, No. 4,1995,pp.45-62.

[123] McKinnon R I,Pill H, "International Overborrowing: A Decomposition of Credit and Currency Risks" , *World Development*, Vol. 26, No. 7,1998,pp.1267-1282.

[124] Merton R C, "On the Pricing of Corporate Debt: The Risk Structure of Interest Rates" , *The Journal of Finance*, Vol. 29, No. 2,1974,pp.449-470.

[125] Milesi-Ferretti G M,Lane P R, "International Financial Integration in the Aftermath of the Global Financial Crisis" , In *International Monetary Fund Working Paper*, Vol. 17, No. 115,2017,p.1.

[126] Minsky H P, *John Maynard Keynes*,New York:Columbia University Press, 1975.

[127] Minsky H P, "The Financial Instability Hypothesis: An Interpretation of Keynes and an Alternative to 'Standard' Theory" , *Challenge*, Vol. 20, No. 1, 1977,pp.20-27.

[128] Minsky H P, *Stabilizing an Unstable Economy: The Lessons for Industry, Finance and Government*, New Haven : Yale University Press, 1986.

[129] Mishkin F S, "Lessons from the Tequila Crisis" , *Journal of Banking & Finance*, Vol. 23, No. 10,1999,pp.1521-1533.

[130] Modigliani F,Miller M H, "The Cost of Capital, Corporation Finance and the Theory of Investment" , *The American Economic Review*,Vol. 48, No. 3, 1958,pp.261-297.

[131] Moore G H, *Business Cycle Indicators*, Princeton, NJ: Princeton University Press , 1961.

[132] Nayak S, "Investor Sentiment and Corporate Bond Yield Spreads" , *Review of Behavioral Finance*, Vol. 2, No. 2,2010,pp.59-80.

[133] Obstfeld M, "The Logic of Currency Crises" , *NBER Working Paper*, w1640, 1991.

[134] Obstfeld M, "Models of Currency Crises with Self-fulfilling Features" , *European Economic Review*, Vol. 40, No. 3-5,1996,pp.1037-1047.

[135] Ohlson J A, "Financial Ratios and the Probabilistic Prediction of Bankruptcy" , *Journal of Accounting Research*, Vol. 18, No. 1,1980,pp.109-131.

[136] Olley G S,Pakes A, "The Dynamics of Productivity in the Telecommunications Equipment Industry" , *Econometrica*, Vol. 64, No. 6,1996,pp.1263-1297.

[137] Pan F,Zhang F,Zhu S,Wójcik D, "Developing by Borrowing? Inter-jurisdictional Competition, Land Finance and Local Debt Accumulation in China" , *Urban Studies*, Vol. 54, No. 4,2017,pp.897-916.

[138] Plekhanov A,Singh R, "How should Subnational Government Borrowing be Regulated? Some Cross-country Empirical Evidence" , *IMF Staff Papers*, Vol. 53, No. 3,2006,pp.426-452.

[139] Pyhrr S A,Roulac S E,Born W L, "Real Estate Cycles and Their Strategic Implications for Investors and Portfolio Managers in the Global Economy" , *The Journal of Real Estate Research*,Vol. 18, No. 1,1999,pp.7-68.

[140] Qu X,Xu Z,Zhu J, Local Government Debt and Regional Competition in China,*SSRN Electronic Journal*, 2019.

[141] Reinhart C M,Rogoff K S, *This Time Is Different: Eight Centuries of Financial Folly*,Princeton: Princeton University Press,2009.

[142] Reinhart C M,Rogoff K S, "From Financial Crash to Debt Crisis" , *American Economic Review*, Vol. 101, No. 5,2011,pp.1676-1706.

[143] Riccetti L,Russo A,Gallegati M, "Stock Market Dynamics, Leveraged Network-Based Financial Accelerator and Monetary Policy" , *International Review of Economics & Finance*,Vol. 43, 2016,pp.509-524.

[144] Rosen K T, "Toward a Model of the Office Building Sector" , *Real Estate Economics*,Vol. 12, No. 3,1984,pp.261-269.

[145] Sachs J D,Tornell A,Velasco A, "The Mexican Peso Crisis: Sudden Death or Death Foretold?" , *Journal of International Economics*, Vol. 41, No. 3-4,1996,pp.265-283.

[146] Schularick M,Taylor A M, "Credit Booms Gone Bust: Monetary Policy, Leverage Cycles, and Financial Crises, 1870-2008" , *American Economic Review*,Vol. 102, No. 2,2012,pp.1029-1061.

[147] Schwert M, "Municipal Bond Liquidity and Default Risk" , *The Journal of Finance*,Vol. 72, No. 4,2017,pp.1683-1722.

[148] Shiller R J, *Irrational Exuberance*, Princeton: Princeton University Press, 2015.

[149] Shiller R J,Fischer S,Friedman B M, "Stock Prices and Social Dynamics" , *Brookings Papers on Economic Activity*,Vol. 1984, No. 2,1984,pp.457-510.

[150] Shleifer A,Summers L H, "The Noise Trader Approach to Finance" ,

Journal of Economic Perspectives,Vol. 4, No. 2,1990,pp.19-33.

[151] Svensson L E, "Estimating and Interpreting Forward Interest Rates: Sweden 1992-1994" , In *National Bureau of Economic Research*, 1994.

[152] Tsui K Y, "China's Infrastructure Investment Boom and Local Debt Crisis", *Eurasian Geography and Economics*,Vol. 52, No. 5,2011,pp.686-711.

[153] Wang J,Wu C,Zhang F X, "Liquidity, Default, Taxes, and Yields on Municipal Bonds" , *Journal of Banking & Finance*,Vol. 32, No. 6,2008,pp.1133-1149.

[154] Warga A,Welch I, "Bondholder Losses in Leveraged Buyouts" , *The Review of Financial Studies*, Vol. 6, No. 4,1993,pp.959-982.

[155] Wheaton W C, "The Cyclic Behavior of the National Office Market" , *Real Estate Economics*,Vol. 15, No. 4,1987,pp.281-299.

[156] Wheaton W C, "Real Estate 'Cycles': Some Fundamentals" , *Real Estate Economics*,Vol. 27, No. 2,1999,pp.209-230.

[157] Wilson P,Okunev J, "Spectral Analysis of Real Estate and Financial Assets Markets" , *Journal of Property Investment & Finance*,Vol. 17, No. 1,1999,pp.61-74.

[158] Witold W, "The Use of the HP-filter in Constructing Real Estate Cycle Indicators" , *Journal of Real Estate Research*,Vol. 23, No. 1-2,2002,pp.65-88.

[159]Wright J H, "Term Premia and Inflation Uncertainty: Empirical Evidence from an International Panel Dataset" , *American Economic Review*,Vol. 101, No. 4, 2011,pp.1514-1534.

[160] Wu Y, "Local Government Debt and Economic Growth in China" ,In *BOFIT Discussion Paper*,2014.

[161]Zhang M Y S,Barnett M S, *Fiscal Vulnerabilities and Risks from Local Government Finance in China*,International Monetary Fund, 2014.

[162]安春明：《关于地方政府债务风险生成机理的探讨》，《社会科学战线》2009 年第 2 期，第 263–265 页。

[163]薄文广、周燕愉、陆定坤：《企业家才能、营商环境与企业全要素生产率——基于我国上市公司微观数据的分析》，《商业经济与管理》2018 年第 8 期，第 1–13 页。

[164]蔡玉：《地方政府性债务现状、成因及对策》，《财政研究》2011 年第 9

期，第 5–7 页。

[165]曹婧、毛捷、薛熠:《城投债为何持续增长：基于新口径的实证分析》,《财贸经济》2019 年第 5 期，第 5–22 页。

[166]陈德球、刘经纬、董志勇:《社会破产成本、企业债务违约与信贷资金配置效率》,《金融研究》2013 年第 11 期，第 68–81 页。

[167]陈菁、李建发:《财政分权、晋升激励与地方政府债务融资行为——基于城投债视角的省级面板经验证据》,《会计研究》2015 年第 1 期，第 61–67+97 页。

[168]陈瑞、卞洋、齐天翔:《房价波动对地方债规模的影响——基于省级数据的实证研究》,《财政研究》2016 年第 6 期，第 86–94 页。

[169]陈守东、马辉、穆春舟:《中国金融风险预警的 MS–VAR 模型与区制状态研究》,《吉林大学社会科学学报》2009 年第 1 期，第 110–119+160 页。

[170]陈卫华、张睿:《基于“可能—满意度”法的金融危机预警系统的构建与应用》,《国际金融研究》2007 年第 4 期，第 51–55 页。

[171]陈文川、杨野、白佳明、余应敏:《债务审计对地方政府债务风险的影响——基于 2008 ~ 2016 年省级面板数据的实证检验》,《审计研究》2019 年第 4 期，第 29–38+47 页。

[172]陈雨露、马勇、阮卓阳:《金融周期和金融波动如何影响经济增长与金融稳定？》,《金融研究》2016 年第 2 期，第 1–22 页。

[173]陈志勇、陈思霞:《制度环境、地方政府投资冲动与财政预算软约束》,《经济研究》2014 年第 3 期，第 76–87 页。

[174]陈志勇、毛晖、张佳希:《地方政府性债务的期限错配：风险特征与形成机理》,《经济管理》2015 年第 5 期，第 12–21 页。

[175]程惠芳、陆嘉俊:《知识资本对工业企业全要素生产率影响的实证分析》,《经济研究》2014 年第 5 期，第 174–187 页。

[176]崔光灿:《房地产价格与宏观经济互动关系实证研究——基于我国 31 个省份面板数据分析》,《经济理论与经济管理》2009 年第 1 期，第 57–62 页。

[177]戴双兴、吴其勉:《土地出让金、房地产税与地方政府债务规模实证研究》,《东南学术》2016 年第 2 期，第 124–131 页。

[178]刁伟涛、傅巾益:《我国县级政府债务风险的分类度量、区域分布和

变化特征：2015–2017》，《财政研究》2019 年第 5 期，第 58–76 页。

[179]刁伟涛、傅巾益、李慧杰：《信用利差、违约概率与地级政府债务风险分类测度》，《财贸经济》2019 年第 6 期，第 5–21 页。

[180]窦鹏娟：《新常态下我国公司债券违约问题及其解决的法治逻辑》，《法学评论》2016 年第 2 期，第 143–153 页。

[181]范小云、袁梦怡、肖立晟：《理解中国的金融周期：理论、测算与分析》，《国际金融研究》2017 年第 1 期，第 28–38 页。

[182]"房地产周期波动研究"课题组：《中国房地产周期波动：解释转移与相机政策》，《财贸经济》2002 年第 7 期，第 26–33 页。

[183]弗雷德·莫斯利、马思杰、陈山：《资本主义危机中的马克思、明斯基和克罗蒂》，《当代经济研究》2018 年第 10 期，第 39–45+97+32 页。

[184]伏润民、缪小林：《地方政府债务权责时空分离：理论与现实——兼论防范我国地方政府债务风险的瓶颈与出路》，《经济学动态》2014 年第 12 期，第 72–78 页。

[185]高强、邹恒甫：《企业债与公司债二级市场定价比较研究》，《金融研究》2015 年第 1 期，第 84–100 页。

[186]龚强、王俊、贾珅：《财政分权视角下的地方政府债务研究：一个综述》，《经济研究》2011 年第 7 期，第 144–156 页。

[187]郭珂：《土地财政依赖、财政缺口与房价——基于省际面板数据的研究》，《经济评论》2013 年第 2 期，第 69–75 页。

[188]郭敏、宋寒凝：《地方政府债务构成规模及风险测算研究》，《经济与管理评论》2020 年第 1 期，第 73–86 页。

[189]韩鹏飞、胡奕明：《政府隐性担保一定能降低债券的融资成本吗？——关于国有企业和地方融资平台债券的实证研究》，《金融研究》2015 年第 3 期，第 116–130 页。

[190]韩增华：《中国地方政府债务风险的预算管理与分权体制完善》，《经济体制改革》2011 年第 4 期，第 142–145 页。

[191]何秉孟：《美国金融危机与国际金融垄断资本主义》，《中国社会科学》2010 年第 2 期，第 28–44+220–221 页。

[192]何国钊、曹振良、李晟：《中国房地产周期研究》，《经济研究》1996

年第 12 期，第 51–56 页。

［193］何杨、满燕云：《地方政府债务融资的风险控制——基于土地财政视角的分析》，《财贸经济》2012 年第 5 期，第 45–50 页。

［194］何杨、王蔚：《土地财政、官员特征与地方债务膨胀——来自中国省级市政投资的经验证据》，《中央财经大学学报》2015 年第 6 期，第 10–19 页。

［195］贺晓波、张宇红：《商业银行风险预警系统的建立及其实证分析》，《金融论坛》2001 年第 10 期，第 32–35 页。

［196］洪源、胡争荣：《偿债能力与地方政府债务违约风险——基于 KMV 修正模型的实证研究》，《财贸经济》2018 年第 5 期，第 21–37 页。

［197］黄纯纯、周业安：《地方政府竞争理论的起源、发展及其局限》，《中国人民大学学报》2011 年第 3 期，第 97–103 页。

［198］黄国桥、徐永胜：《地方政府性债务风险的传导机制与生成机理分析》，《财政研究》2011 年第 9 期，第 2–5 页。

［199］黄溶冰：《经济责任审计的审计发现与问责悖论》，《中国软科学》2012 年第 5 期，第 182–192 页。

［200］吉富星：《地方政府隐性债务的实质、规模与风险研究》，《财政研究》2018 年第 11 期，第 62–70 页。

［201］纪洋、边文龙、黄益平：《隐性存保、显性存保与金融危机：国际经验与中国实践》，《经济研究》2018 年第 8 期，第 20–35 页。

［202］冀云阳、付文林、束磊：《地区竞争、支出责任下移与地方政府债务扩张》，《金融研究》2019 年第 1 期，第 128–147 页。

［203］贾根良、何增平：《金融开放与发展中国家的金融困局》，《马克思主义研究》2019 年第 5 期，第 66–77 页。

［204］贾俊雪、郭庆旺：《财政规则、经济增长与政府债务规模》，《世界经济》2011 年第 1 期，第 73–92 页。

［205］贾康、刘微、张立承、石英华、孙洁：《我国地方政府债务风险和对策》，《经济研究参考》2010 年第 14 期，第 2–28 页。

［206］贾晓俊、顾莹博：《我国各省份地方债风险及预警实证研究》，《中央财经大学学报》2017 年第 3 期，第 16–24 页。

［207］蒋省三、刘守英、李青：《土地制度改革与国民经济成长》，《管理世

界》2007 年第 9 期，第 1–9 页。

［208］金洪飞、万兰兰：《基于选择抽样的银行危机先行指标研究》，《财经研究》2014 年第 5 期，第 54–63 页。

［209］况伟大、李涛：《土地出让方式、地价与房价》，《金融研究》2012 年第 8 期，第 56–69 页。

［210］蓝发钦、燕群、谢东辉：《中国信用债违约风险的重新测度：基于行业敏感性的独特视角》，《华东师范大学学报（哲学社会科学版）》2020 年第 1 期，第 179–186+200 页。

［211］类承曜：《我国地方政府债务增长的原因：制度性解释框架》，《经济研究参考》2011 年第 38 期，第 23–32 页。

［212］李茂媛：《地方政府债务风险的本源探究及防范对策》，《江西社会科学》2012 年第 3 期，第 44–48 页。

［213］李祥云、刘松：《债务杠杆与地方政府债务违约风险关系研究》，《当代财经》2019 年第 11 期，第 25–35 页。

［214］李雪松、罗朝阳：《金融周期、美联储加息与金融危机》，《财贸经济》2019 年第 10 期，第 66–80 页。

［215］李永友、马孝红：《地方政府举债行为特征甄别——基于偿债能力的研究》，《财政研究》2018 年第 1 期，第 65–77+100 页。

［216］李玉龙：《地方政府债券、土地财政与系统性金融风险》，《财经研究》2019 年第 9 期，第 100–113 页。

［217］李志辉、杨思静、孟焰：《独立董事兼任：声誉抑或忙碌——基于债券市场的经验证据》，《审计研究》2017 年第 5 期，第 96–103 页。

［218］梁琪、郝毅：《地方政府债务置换与宏观经济风险缓释研究》，《经济研究》2019 年第 4 期，第 18–32 页。

［219］林晚发、刘颖斐、赵仲匡：《承销商评级与债券信用利差——来自〈证券公司分类监管规定〉的经验证据》，《中国工业经济》2019 年第 1 期，第 174–192 页。

［220］林毅夫：《金融危机的第二轮效应》，《中国市场》2009 年第 3 期，第 40–41 页。

［221］刘承洋：《金融周期对货币政策调控有效性影响研究》，博士学位论

文，辽宁大学，2019 年。

［222］刘国光、王慧敏：《公司债券信用价差和国债收益率动态关系研究》，《山西财经大学学报》2005 年第 5 期，第 122–127 页。

［223］刘贺：《中国企业债券市场发展与风险管控研究》，博士学位论文，吉林大学，2018 年。

［224］刘莉亚、金正轩、何彦林、朱小能、李明辉：《生产效率驱动的并购——基于中国上市公司微观层面数据的实证研究》，《经济学（季刊）》2018 年第 4 期，第 1329–1360 页。

［225］刘民权、孙波：《商业地价形成机制、房地产泡沫及其治理》，《金融研究》2009 年第 10 期，第 22–37 页。

［226］刘蓉、黄洪：《我国地方政府债务风险的度量、评估与释放》，《经济理论与经济管理》2012 年第 1 期，第 82–88 页。

［227］刘尚希：《财政风险：一个分析框架》，《经济研究》2003 年第 5 期，第 23–31+91 页。

［228］刘尚希：《公共财政：公共化改革的一种转轨理论假说》，《财贸经济》2010 年第 8 期，第 31–36+90 页。

［229］刘尚希：《地方政府性债务风险不是来自债务本身》，《中国党政干部论坛》2014 年第 2 期，第 68 页。

［230］刘守英、蒋省三：《土地融资与财政和金融风险——来自东部一个发达地区的个案》，《中国土地科学》2005 年第 5 期，第 3–9 页。

［231］刘妍、吴玲玉、宫长亮：《现金持有、信用等级、债券利差》，《系统工程》2018 年第 9 期，第 41–50 页。

［232］刘志强：《金融危机预警指标体系研究》，《世界经济》1999 年第 4 期，第 17–23 页。

［233］罗必良：《分税制、财政压力与政府“土地财政”偏好》，《学术研究》2010 年第 10 期，第 27–35 页。

［234］罗朝阳、李雪松：《金融周期、全要素生产率与债券违约》，《经济管理》2020 年第 2 期，第 5–22 页。

［235］罗朝阳、李雪松：《房地产周期、人口流动与地方债风险防控》，《北京社会科学》2022 年第 7 期，第 84–96 页。

[236]罗党论、佘国满：《地方官员变更与地方债发行》，《经济研究》2015年第6期，第131–146页。

[237]马勇、杨栋、陈雨露：《信贷扩张、监管错配与金融危机：跨国实证》，《经济研究》2009年第12期，第93–105页。

[238]梅冬州、崔小勇：《制造业比重、生产的垂直专业化与金融危机》，《经济研究》2017年第2期，第96–110页。

[239]缪小林、伏润民：《地方政府债务风险的内涵与生成：一个文献综述及权责时空分离下的思考》，《经济学家》2013年第8期，第90–101页。

[240]南旭光、罗慧英：《基于等比例危险模型的金融危机预警》，《统计与决策》2006年第24期，第32–35页。

[241]潘志斌：《地方政府债务规模、资产价值与债务风险》，《华东师范大学学报（哲学社会科学版）》2014年第3期，第89–97+154–155页。

[242]庞保庆、陈硕：《央地财政格局下的地方政府债务成因、规模及风险》，《经济社会体制比较》2015年第5期，第45–57页。

[243]庞晓波、李丹：《中国经济景气变化与政府债务风险》，《经济研究》2015年第10期，第18–33页。

[244]彭兴韵、江松霖：《亚洲金融危机国家十年来的金融发展》，《世界经济与政治》2007年第11期，第72–80+75页。

[245]齐天翔、陈瑞：《经济增长、房价水平与地方债规模》，《深圳大学学报（人文社会科学版）》2016年第4期，第77–82页。

[246]齐天翔、葛鹤军、蒙震：《基于信用利差的中国城投债券信用风险分析》，《投资研究》2012年第1期，第15–24页。

[247]秦凤鸣、李明明、刘海明：《房价与地方政府债务风险——基于城投债的证据》，《财贸研究》2016年第5期，第90–98页。

[248]邱栎桦、伏润民：《财政分权、政府竞争与地方政府债务——基于中国西部D省的县级面板数据分析》，《财贸研究》2015年第3期，第97–103页。

[249]裘丽、张建平：《周期性行业的企业杠杆特征——基于中国A股上市公司的经验研究》，《当代财经》2016年第4期，第61–71页。

[250]阮佩婷：《地方政府融资平台债务风险评估及对策研究——基于中部某国家级高新区的实证分析》，《财政研究》2013年第4期，第65–69页。

[251]沈沛龙、樊欢：《基于可流动性资产负债表的我国政府债务风险研究》，《经济研究》2012年第2期，第93–105页。

[252]沈雨婷、金洪飞：《中国地方政府债务风险预警体系研究——基于层次分析法与熵值法分析》，《当代财经》2019年第6期，第34–46页。

[253]生柳荣、陈海华、胡施聪、彭雁、于天祥：《企业债券信用风险预警模型及其运用》，《投资研究》2019年第6期，第25–35页。

[254]史建平、高宇：《KLR金融危机预警模型研究——对现阶段新兴市场国家金融危机的实证检验》，《数量经济技术经济研究》2009年第3期，第106–117页。

[255]苏明、傅志华、李步鸣等：《新形势下沿海较发达地区地方政府债务问题研究——以温州市和苏州市所属部分区县（市）为例》，《经济研究参考》2011年第10期，第18–28页。

[256]苏英、赵晓冬、周高仪：《房地产调控政策执行中地方政府行为的博弈分析》，《中央财经大学学报》2013年第6期，第13–17页。

[257]孙秀林、周飞舟：《土地财政与分税制：一个实证解释》，《中国社会科学》2013年第4期，第40–59+205页。

[258]唐云锋：《公共选择理论视角下地方债务的成因分析》，《财经论丛（浙江财经学院学报）》2005年第1期，第40–44页。

[259]唐云锋、刘清杰：《地方政府债务诱发金融风险的逻辑与路径》，《社会科学战线》2018年第3期，第65–72页。

[260]唐志军、徐会军、巴曙松：《中国房地产周期波动研究——一个基于时序全局主成分方法的分析》，《科学决策》2009年第6期，第1–9+33页。

[261]田新民、夏诗园：《地方政府债务风险影响研究——基于土地财政和房地产价格的视角》，《山西财经大学学报》2017年第6期，第26–38页。

[262]王安兴、解文增、余文龙：《中国公司债利差的构成及影响因素实证分析》，《管理科学学报》2012年第5期，第32–41页。

[263]王博、李昊然：《中国金融周期测度及国际比较研究》，《经济学动态》2018年第6期，第61–76页。

[264]王道平、范小云、陈雷：《可置信政策、汇率制度与货币危机：国际经验与人民币汇率市场化改革启示》，《经济研究》2017年第12期，第119–

133 页。

[265]王俊：《地方政府债务的风险成因、结构与预警实证》，《中国经济问题》2015 年第 2 期，第 13–25 页。

[266]王叙果、张广婷、沈红波：《财政分权、晋升激励与预算软约束——地方政府过度负债的一个分析框架》，《财政研究》2012 年第 3 期，第 10–15 页。

[267]王永钦、陈映辉、杜巨澜：《软预算约束与中国地方政府债务违约风险：来自金融市场的证据》，《经济研究》2016 年第 11 期，第 96–109 页。

[268]卫志民：《中国地方政府性债务：风险、成因与防范》，《河南大学学报（社会科学版）》2014 年第 5 期，第 25–31 页。

[269]魏加宁：《地方政府投融资平台的风险何在》，《中国金融》2010 年第 16 期，第 16–18 页。

[270]温海珍、吕雪梦、张凌：《房价与地价的内生性及其互动影响——基于联立方程模型的实证分析》，《财贸经济》2010 年第 2 期，第 124–129 页。

[271]吴强、侯廷娴：《经济过热与我国房地产发展周期》，《经济问题》2004 年第 12 期，第 2–5 页。

[272]吴世农、卢贤义：《我国上市公司财务困境的预测模型研究》，《经济研究》2001 年第 6 期，第 46–55+96 页。

[273]吴育辉、吴世农、魏志华：《管理层能力、信息披露质量与企业信用评级》，《经济管理》2017 年第 1 期，第 165–180 页。

[274]武恒光、王守海：《债券市场参与者关注公司环境信息吗？——来自中国重污染上市公司的经验证据》，《会计研究》2016 年第 9 期，第 68–74 页。

[275]武彦民：《我国积极财政政策实施前后财政风险的变动分析——兼议财政政策转型依据》，《财贸经济》2007 年第 12 期，第 23–27+87 页。

[276]夏良科：《人力资本与 R&D 如何影响全要素生产率——基于中国大中型工业企业的经验分析》，《数量经济技术经济研究》2010 年第 4 期，第 78–94 页。

[277]夏诗园：《基于 KMV 模型的地方政府债务风险预警研究》，《金融评论》2019 年第 4 期，第 114–123+126 页。

[278]谢保鹏：《基于土地财政的地方政府债务研究：规模、风险及其传导》，博士学位论文，中国农业大学，2017 年。

[279]徐国祥、王芳:《我国房地产市场周期波动谱分析及其实证研究》,《统计研究》2010 年第 10 期，第 18–24 页。

[280]徐国祥、王芳:《我国房地产市场与股票市场周期波动的关联性探讨》,《经济管理》2012 年第 2 期，第 133–141 页。

[281]徐占东、王雪标:《中国省级政府债务风险测度与分析》,《数量经济技术经济研究》2014 年第 12 期，第 38–54 页。

[282]许浩然、荆新:《社会关系网络与公司债务违约——基于中国 A 股上市公司的经验证据》,《财贸经济》2016 年第 9 期，第 36–52 页。

[283]许友传:《中国地方政府债务的结构性风险》,《统计研究》2018 年第 2 期，第 14–28 页。

[284]杨灿明、鲁元平:《地方政府债务风险的现状、成因与防范对策研究》,《财政研究》2013 年第 11 期，第 58–60 页。

[285]杨大楷、王鹏:《盈余管理与公司债券定价——来自中国债券市场的经验证据》,《国际金融研究》2014 年第 4 期，第 86–96 页。

[286]杨继东、杨其静:《保增长压力、刺激计划与工业用地出让》,《经济研究》2016 年第 1 期，第 99–113 页。

[287]杨继东、杨其静、刘凯:《以地融资与债务增长——基于地级市面板数据的经验研究》,《财贸经济》2018 年第 2 期，第 52–68+117 页。

[288]杨林、侯欢:《新型城镇化进程中地方政府债务风险的再思考》,《财经论丛》2015 年第 5 期，第 24–31 页。

[289]杨婷婷:《我国地方政府债务风险管理研究》，博士学位论文，中共中央党校，2019 年。

[290]姚红宇、施展:《公司个体特征、地方经济变量与信用债违约预测——基于离散时间风险模型》,《投资研究》2018 年第 6 期，第 114–132 页。

[291]叶志锋、胡玉明:《盈余管理、债权保护与债务违约率——来自中国证券市场的证据》,《山西财经大学学报》2009 年第 11 期，第 67–73 页。

[292]伊楠、张斌:《度量中国的金融周期》,《国际金融研究》2016 年第 6 期，第 13–23 页。

[293]于海峰、崔迪:《防范与化解地方政府债务风险问题研究》,《财政研究》2010 年第 6 期，第 56–59 页。

［294］于静霞、周林：《货币政策、宏观经济对企业债券信用利差的影响研究》，《财政研究》2015 年第 5 期，第 49–57 页。

［295］余应敏、杨野、陈文川：《财政分权、审计监督与地方政府债务风险——基于 2008–2013 年中国省级面板数据的实证检验》，《财政研究》2018 年第 7 期，第 53–65 页。

［296］余子良：《地方政府融资平台的来龙去脉与风险规避》，《改革》2013 年第 1 期，第 76–81 页。

［297］岳晓武、王小映：《地价上涨是房价上涨的结果而非原因》，《中国土地》2006 年第 11 期，第 15–20 页。

［298］张红、谢娜：《基于主成分分析与谱分析的房地产市场周期研究》，《清华大学学报（自然科学版）》2008 年第 9 期，第 1404–1407 页。

［299］张宏安：《新中国地方政府债务史考》，《财政研究》2011 年第 10 期，第 7–10 页。

［300］张莉、年永威、刘京军：《土地市场波动与地方债——以城投债为例》，《经济学（季刊）》2018 年第 3 期，第 1103–1126 页。

［301］张明喜、丛树海：《我国财政风险非线性预警系统——基于 BP 神经网络的研究》，《经济管理》2009 年第 5 期，第 147–153 页。

［302］张燃：《信用价差变化的决定因素—— 一个宏观视角》，《当代财经》2008 年第 9 期，第 62–67+83 页。

［303］张晓晶、孙涛：《中国房地产周期与金融稳定》，《经济研究》2006 年第 1 期，第 23–33 页。

［304］张玉新：《地方政府土地融资风险及其管理》，《中国行政管理》2013 年第 1 期，第 89–92 页。

［305］张元萍、孙刚：《金融危机预警系统的理论透析与实证分析》，《国际金融研究》2003 年第 10 期，第 32–38 页。

［306］赵米芸、余力、张慧芳：《金融经济周期理论研究综述与展望》，《财经论丛》2017 年第 5 期，第 48–59 页。

［307］郑思齐、孙伟增、吴璟、武赟：《“以地生财，以财养地”——中国特色城市建设投融资模式研究》，《经济研究》2014 年第 8 期，第 14–27 页。

［308］钟辉勇、钟宁桦、朱小能：《城投债的担保可信吗？——来自债券评级

和发行定价的证据》,《金融研究》2016 年第 4 期，第 66–82 页。

[309]周飞舟:《分税制十年：制度及其影响》,《中国社会科学》2006 年第 6 期，第 100–115+205 页。

[310]周宏、徐兆铭、彭丽华、杨萌萌:《宏观经济不确定性对中国企业债券信用风险的影响——基于 2007–2009 年月度面板数据》,《会计研究》2011 年第 12 期，第 41–45+97 页。

[311]周秀英:《中国房地产周期波动的实证分析》,《学习与探索》2009 年第 3 期，第 134–136 页。

[312]周炎、黄晶、魏熙晔、陈昆亭:《金融经济周期理论新进展——首届中国金融经济周期论坛综述》,《经济研究》2016 年第 1 期，第 187–192 页。

[313]周业安:《地方债的风险及其防范》,《现代城市研究》2009 年第 6 期，第 19–22 页。

[314]朱钧钧、谢识予、许祥云:《基于空间 Probit 面板模型的债务危机预警方法》,《数量经济技术经济研究》2012 年第 10 期，第 100–114 页。

[315]朱太辉、黄海晶:《中国金融周期：指标、方法和实证》,《金融研究》2018 年第 12 期，第 55–71 页。

[316]朱莹、王健:《市场约束能够降低地方债风险溢价吗？——来自城投债市场的证据》,《金融研究》2018 年第 6 期，第 56–72 页。